L'ÉGLISE ET LA PAROISSE

DE

NOTRE-DAME DU CAMP

A PAMIERS

NOTES HISTORIQUES

PAR

L'ABBÉ BARBIER

Membre Correspondant de la Société Archéologique
Du Midi de la France, Chanoine honoraire.

Dextram Scriptoris benedicat Mater Amoris.

PRIX : 1 FR.

Franco, **par la poste : 1,15**

PAMIERS

IMPRIMERIE TYPOGRAPHIQUE DE J. GALY, 12, RUE MAJOR.

1889

L'ÉGLISE ET LA PAROISSE

DE

NOTRE-DAME DU CAMP

A PAMIERS

ÉGLISE NOTRE-DAME-DU-CAMP

L'ÉGLISE ET LA PAROISSE

DE

NOTRE-DAME DU CAMP

A PAMIERS

NOTES HISTORIQUES

PAR

L'ABBÉ BARBIER

Membre Correspondant de la Société Archéologique
Du Midi de la France, Chanoine honoraire.

Dextram Scriptoris benedicat Mater Amoris.

PAMIERS

IMPRIMERIE TYPOGRAPHIQUE DE J. GALY, 12, RUE MAJOR.

1889

Pamiers, imprimerie J. GALY.

L'EGLISE ET LA PAROISSE

DE

NOTRE-DAME DU CAMP

A PAMIERS

C'est à écrire l'histoire de *l'Eglise et de la Paroisse de Notre-Dame du Camp* que nous allons consacrer ces quelques pages.

Le passé d'un édifice dont la haute et sévère façade excite l'attention des archéologues, qui successivement fut le siège d'un Prieuré, d'une Collégiale et d'un Chapitre ; les annales d'une paroisse forcément associée, par le fait de sa position dans une des villes les plus importantes de la Province, aux événements qui ont marqué les époques les plus douloureuses de notre histoire, mériteraient d'être retracées par une plume plus autorisée que la nôtre. En attendant que surgisse le véritable historien de notre vieille basilique, qu'il nous soit permis de donner un moment satisfaction à cet *esprit de clocher* qui semble se perdre ou s'amoindrir dans un siècle de vapeur, d'électricité et de principes plus ou moins sociaux.

N'aurions-nous, simple pionnier, que préparé le sol et déblayé le terrain, nous croirons encore avoir fait œuvre utile et, puisque notre sujet est un édifice consacré à Dieu et une Communauté chrétienne, œuvre religieuse et morale.

Soumis, en 1883, à la haute appréciation de la *Société Archéologique du Midi de la France* et honoré d'une de ses récompenses,(1) notre présent travail a été augmenté de documents nouveaux qui ajoutent à son intérêt.

(1) Médaille d'argent.

L'EGLISE ET LA PAROISSE DE NOTRE-DAME DU CAMP

PREMIÈRE PARTIE

L'Eglise

L'église de Notre-Dame du Camp a été savamment décrite par M. J. de Lahondès, membre de la *Société Archéologique de France* et d'un grand nombre d'autres *Sociétés savantes*. Son crayon toujours fidèle se plaît à reproduire les monuments trop méconnus qui, à une époque aujourd'hui écoulée, ont émaillé le sol de notre belle Ariège; sa plume autorisée ranime nos ruines et leur rend comme la langue des temps passés.

Parler après un maître aussi compétent serait téméraire, ajouter à ce qu'il a dit serait superflu. Qu'il nous soit seulement permis de rechercher avec lui l'origine du nom qui distingue la principale paroisse de Pamiers.

M. de Lahondès rapporte la première construction de l'église actuelle de *Notre-Dame du Camp* au commencement du XIIe siècle, à cette époque où Roger II revenant de la Croisade relève pour son compte le *Castrum* romain, *Castrum Appamiense*, dans le voisinage de *Frédélas*.

L'isthme qui unissait primitivement le pic du *Castella* au *Terrefort* de Pamiers ayant été rompu, l'Ariège avait pris son cours régulier et permis d'assainir la plaine qu'elle couvrait avant de ses nombreux méandres. Le *frigidus lacus (Frédélac, Frédélas)* de l'*Estang* n'allait plus être qu'un souvenir historique et déjà les bourgades, les *pams* groupés dans les précédentes presqu'îles tendaient à se donner la main pour former une ville unique. La population primitive du *Mercadal* sortait elle-même de l'étroite enceinte où elle s'était enfermée à l'abri du donjon féodal. L'église première, placée sous le vocable de la *Nativité de Notre-Dame* et de *Saint-Jean*, devenait insuffisante ; des besoins nouveaux se faisaient sentir et c'est pour leur donner satisfaction qu'aurait été élevée, en l'honneur de l'*Asomption de Marie* et sur les terres nouvellement assainies et livrées à la culture, l'église de *Notre-Dame des Champs* ou *du Camp*.

Il serait difficile de préciser la date de sa première fondation ; de dire où se réunissait la première communauté chrétienne, celle qui vit mourir d'abord *Sainte Natalène* puis *Saint Antonin*. Le comte Roger apportant d'Orient dans la ville nouvelle les reliques des saints *Caius et Alexandre* devenus les patrons de la ville et de la paroisse du Camp et les déposant dans cette dernière église inaugurait peut-être par ce don pieux un temple nouveau remplaçant un autre plus ancien et ayant déjà son vocable.

Quoiqu'il en soit de cette origine, l'église du Camp dut être à peu près complètement ruinée pendant les guerres albigeoises et nous croyons pouvoir assigner comme date à l'édifice actuel le commencement du XIVe siècle. M. de Lahondès reconnaît au portail de N.-D. du Camp un caractère plus ancien qu'au mur de façade dans lequel il est encastré. A une des extrémités de la vaste plaine de Pamiers et au pied des premières collines du Lauraguais, la petite ville de Belpech possède une église qui semble avoir avec la nôtre une commune origine. Bien que *Notre-Dame du*

Camp, au point de vue architectural, soit une œuvre plus parfaite ; que les lignes de sa façade soient à la fois plus pures et plus hardies ; que le style militaire moins accusé sacrifie déjà à l'ornementation et semble n'être plus qu'une précaution provisionnelle contre un danger de guerre diminuant tous les jours, il y a cependant entre les portails de l'un et de l'autre édifice une telle ressemblance que lorsque, dans ces dernières années, M. Layrix, architecte, a voulu rétablir dans son dessin primitif le portail du Camp dont les pierres avaient été complètement délitées par la gelée, c'est à Belpech qu'il est allé en copier les motifs. Or la première pierre de l'église de Belpech a été posée le 14 juin 1312. En 1328, le nom d'un de nos premiers évêques, Dominique Grima ou Grenier se trouve cité dans un sermon ou *acte de foi* célébré au Camp : c'était la fin de nos luttes religieuses et une des dernières satisfactions publiques demandées à l'hérésie.

Ce que fut l'église de Notre-Dame du Camp avant sa seconde destruction par les prétendus Réformés, l'histoire du *Languedoc* nous le laisse entrevoir à peine en nous disant que, par ses vastes proportions et par la richesse de ses ornements, c'était une des plus remarquables de la Province. En 1424, la campagne n'étant pas sûre à cause du voisinage des Anglais qui venaient chevaucher jusqu'au sommet de la côte d'Escosse, l'Evêque quitta le *Mas* et vint célébrer au *Camp* et non au *Mercadal* la Fête des Rameaux à laquelle toute la population assista. La messe fut célébrée pontificalement et le P. François, des Frères Mineurs donna le sermon (1).

La prospérité de cette église était assurée par la protection des Seigneurs et les libéralités des habitants de Pamiers.

(1) Ephémérides de Pamiers.

C'est ainsi que, par concession du 20 mai 1426 faite par l'Evêque et le Comte de Foix, les paroisses du Mercadal et du Camp ainsi que les hôpitaux de la ville virent leurs biens amortis et affranchis de tous droits seigneuriaux à condition que leurs trésoriers seraient tenus de fournir la moitié des robes et des gages des crieurs publics et tenir réparées, à frais communs avec les coseigneurs, les places du Mercadal et du Camp où se vendait le blé dont ils percevaient la leude (1).

Ce privilège dut être retiré puisque nous voyons, en 1448, les syndics Guillaume de Camels et Mathieu de Capdepont en demander la restitution aux Etats de la Province ainsi que le rétablissement du Consulat de Pamiers.

En 1523, une dame, Vincente de Bausilla, laissa une maison et une vigne au Chapitre du Camp, à charge par ledit Chapitre de célébrer deux messes, le jour anniversaire de son décès.

Cette prospérité première disparut sans retour quand le vent de la prétendue Réforme souffla sur le Midi de la France. L'église fut ruinée une première fois en 1563. La Communauté religieuse de Pamiers n'eut pas que des pertes matérielles à enregistrer. Des Fils de Saint François reçurent dans leur maison des *Cordeliers* (2) la couronne du martyre et le Ménologe de l'Ordre conserve avec vénéra-

(1) Impôt prélevé sur les productions de la terre, sur les denrées et marchandises.

(2) Les FF. Mineurs ou « Cordeliers » et les FF. Prêcheurs ou « Jacobins » étaient établis à Pamiers, sur la paroisse du Camp, déjà en 1269. Les « Filles de Sainte-Claire » ou « Clarisses » ne sont mentionnées que dans la première moitié du quatorzième siècle. Les « Carmes », quelques années plus tard.

En 1136, les « Templiers » s'étaient établis à la « Cavalerie » sur une sorte de promontoire dominant, au nord, le bassin inférieur de Pamiers. Après leur suppression le domaine passa aux Chevaliers de Malte.

tion les noms des PP. Jean Raulet, Pierre de Beaumont et Pierre Molier. Le P. Guillaume, augustin, fut assomé au *Sémalié,* sur la paroisse de Saint-Jean-du-Falga.

Le règne de Henri IV et les premières années de Louis XIII procurèrent à l'Eglise une paix dont on profitait à Pamiers dès 1603. Aux archives du Chapitre Cathédral, il est fait mention de cloches que l'on fondait, en 1612, pour le Doyen du Camp.

Le 29 mai 1635, Mgr Jean de Sponde, évêque de Mégare et coadjuteur de Pamiers, bénit une nouvelle cloche de deux quintaux, vingt livres, environ achetée partie par les habitants, partie par le Chapitre du Camp. Cette cloche nommée *Caie et Alexandre* eut pour parrain le sieur de Marseillas : furent témoins de la cérémonie B. Gasc, prébendier, Francazal, vicaire.

Pareille bénédiction eut lieu le 20 juin 1728. Elle fut présidée par M. Bréal, vicaire général, doyen du Chapitre et official. La cloche, *Louise-Magdeleine,* eut pour marraine Magdeleine de la Fajole, veuve de M. de Malenfant, juge-mage au Présidial. Furent présents, Marrast, chanoine et curé, Borrely, chanoine gradué, Brisson, chanoine et vicaire, Darnaud et Fouret, prébendés.

La prise d'armes du duc de Rohan arrêta cette prospérité naissante et les Réformés de 1621 achevèrent sur l'église du Camp l'œuvre de destruction que leurs aînés de 1563 avaient si bien commencée.

La voûte gothique s'abîma dans les décombres et laissa sur le mur oriental du clocher la trace ineffaçable de la hauteur où de hardis architectes l'avaient portée. Les tours démantelées furent conservées pour faire le guet : mais leur front sans couronne demeura longtemps humilié au milieu des ruines. Nous les retrouvons, mornes et solitaires, dans un tableau du *Martyre de Sainte Natalène* conservé dans l'église et que le détail des costumes permet de rapporter à l'époque où Henry de Sponde exerçait à Pamiers son laborieux Apostolat. Quand l'heure de la réparation fut venue, en 1667, on songea à recouvrir leur faîte égalisé d'une misérable poivrière en zinc et ce n'est qu'en 1870 que nos deux tours ont retrouvé, dans le plan exécuté par M. Layrix, leurs créneaux perdus et leur physionomie guerrière.

En même temps qu'elle voyait ruiner de fond en comble le bâtiment de son église, la paroisse du Camp était profondément atteinte dans son temporel. Et ici, pour éclairer cette partie de notre histoire, nous allons, d'après un manuscrit qui nous a été mis dans les mains, rapporter les détails d'un procès soutenu en 1672.

A cette date, le syndic du Chapitre collégial du Camp demandait à M. de Monredon l'être reconnu seigneur direct de trente-cinq setérées (1) de terres et vignes dans la reconnaissance du Chapitre à prendre dans les trois confrontations du chemin qui va à *Salvetorte*, du couchant et d'aquilon les terres de Salvetorte, du levant les vignes ou terres de feu Antoine de Roquefort, alors possédées par les Cordeliers. Le Chapitre avait acquis le droit de directe en 1528 par permutation avec le sieur de Lacvivier et l'avait baillé à fief, en 1536, au sieur Jean Delfau, père de Jérôme, de qui les auteurs du sieur de Monredon l'avaient acquis.

Le Chapitre demandait encore audit sieur de Monredon la propriété de tout le reste des terres de la métairie dite de *Monredon* ou *Pentolary* au-dessus des dites trente-cinq setérées et vignes de la reconnaissance avec restitu-

---

(1) La setérée de Pamiers valait 50 ares, 80 cent. Elle comprenait huit mesurées de 6 ares, 35 cent.

tion des fruits depuis vingt-neuf ans avant l'introduction de l'instance. Cette nouvelle demande était fondée sur trois actes d'afferme consécutifs faits par le Chapitre, de 1541 à 1560, et la paisible jouissance de ces vingt ans finissant avec les premiers troubles de l'hérésie. Il était dit, dans ces baux-à-ferme que la métairie était du Chapitre ; on prouvait ensuite qu'elle était appelée tantôt *Pentolary* tantôt *Maureng-Redon* ou *Monredon* ; que c'était bien celle qui avait été possédée par le Chapitre ; vu la nature et la destination de ses terres, elle ne saurait être confondue avec aucune de ses voisines : l'*Esquerrié*, *Pitou*, *Salvetorte*, la *Baronnette*, *Cortelli*, *Rancheyne* et *Roques*. On n'avait d'abord acheté que la troisième partie de la métairie de *Monredon* à Jérôme Delfau, fils de Jean, qui avait, en 1536, reconnu au Chapitre trente-cinq setérées formant le tiers de ladite métairie. Le reste fut vendu longtemps après, dans les troubles, lorsque le Chapitre fut chassé de la ville.

Les droits du Chapitre ne sauraient être atteints par la prescription parce qu'il en avait été relevé par Lettres du Grand Sceau vérifiées au Parlement de Pau où l'instance était prête à juger, à cause des troubles continuels où avait été le Chapitre depuis 1560, qui fut la dernière année de sa jouissance, jusqu'en 1630. Par des arrêts fréquents, le Roi et la Cour avaient voulu que les ecclésiastiques fussent remis en leurs biens, ce qui ne s'éxécuta pas alors et n'avait pu être encore exécuté entièrement. On le montrait par un acte de la Ville disant qu'en 1560, l'église du Chapitre avait été entièrement pillée et avait vu son argenterie enlevée ; par les comptes du Chapitre, en 1600, montrant que le Chapitre résidait à *Unzent*, à une grande lieue de la ville, n'osant y venir et qu'en 1603, on commença à vouloir rebâtir l'église abattue pour la première fois ; qu'en 1643, on commença à la rebâtir pour la deuxième fois. Le tout était de notoriété publique, le Chapitre en ayant fait dresser acte en 1663.

Le Chapitre perdit l'affaire par Arrêt du 6 avril 1672, rapporteur M. de Madron, non a cause de la prescription, dit le rapporteur, parce que l'on en avait été relevé, mais parce que la preuve n'en était pas claire. Les avocats disaient néanmoins que la prescription était à craindre pour les biens qui n'étaient pas de première fondation ou donation.

La métairie de Monredon ne demeura pas la propriété du Chapitre collégial. M. Jean-Armand Dulau, chanoine de l'église Cathédrale, trésorier et sacristain, l'avait acquise de Mme Laffite de Sentenac, au prix de 10,000 liv., lorsque, le 3 novembre 1759, il en donna sept setérées, valeur de 540 liv. à son serviteur Antoine Delmas et autant à Jean Andrieu, un autre de ses domestiques. Cette même année et la suivante, il en afferma à divers particuliers et par des baux de 29 ans, onze setérées et quatre mesurées au prix de dix liv. la mesurée.

D'Armand Dulau, la métairie passa à son neveu et héritier, Jean-Marie Dulau, du diocèse de Périgueux, licencié en théologie de la Faculté de Paris, de la maison et société royale de Navare, trésorier et sacristain du Chapitre Cathédral, prieur de Saurat et vicaire général de Pamiers. C'est ce même J.-Marie Dulau qui, devenu archevêque d'Arles, fut assassiné aux Carmes, le 2 septembre 1792, jour de Saint-Antonin. Le 25 octobre 1767, il céda la métairie à l'Hospice, qui la possède encore, pour le prix de 10,000 liv. déjà inférieur à sa valeur réelle. Elle rapportait, année courante, 680 liv.

Le Chapitre Collégial avait conservé d'autres biens-fonds qui, sous le régime des *bénéfices*, assuraient sa subsistance. En 1687, la métairie de *Labourdette* était donnée pour quatre ans à *migère* avec redevance de huit paires de chapons, huit paires de *gelines*, huit oies et 100 œufs.

Si cette métairie ne paraît plus dans les baux à ferme depuis cette époque, nous y retrouvons longtemps encore *Rancheyne*, la *Baronnette* ou les *Capelas*, *Bigorre*, *Cabirol*, dont les revenus s'ajoutaient à la dîme perçue à la seigneurie de *Puchauriol*, dans le *Terrefort* de Pamiers, à *Unzent* et *Saint-Amans*, et sur la paroisse même désignée sous le nom de *Quarton du Camp*.

Qu'il nous soit permis de relever, pour une longue série d'années, l'état de ces ressources tel que nous l'avons pris dans les minutes de Me Gardebosc, notaire royal et apostolique à Pamiers. Ces ressources étaient tantôt des apports en nature et tantôt des rentes en valeur d'argent dont la quotité dépendait de la mise aux enchères.

En 1687, outre Labourdette dont il a été question, Rencheyne fut affermé pour deux ans 6 paires de chapons, 6 paires de gélines, 6 oies et 100 œufs ; — Puchauriol 106 livres ; — Unzent et Saint-Amans 400 liv.; — le Quarton 450 liv. quatre setiers (2) d'avoine et sept paires de chapons. En 1688, Puchauriol donne 112 livres.

En 1701, le Quarton, Puchauriol et Unzent, 1360 liv., 14 setiers d'avoine, 15 paires de chapons.

En 1702, le Quarton, 620 liv.; — Unzent, 350 liv.; — Puchauriol, 85 livres ; — Rencheyne, 23 setiers de seigle, 6 paires de chapons, 6 paires de poules, 6 oies, 100 œufs.

En 1703, le Quarton, Unzent, Saint-Amans, Puchauriol, 1040 liv. avec les conditions. — On entendait par là des redevances en nature qui s'ajoutaient aux redevances en numéraire. C'était un setier de blé et une paire de chapons pour chaque cent livres.

(2) Le setier de Pamiers valait en litres 110,50; la mesure, 13,82.

En 1704, le Quarton, 610 liv. avec les conditions et 6 *barrals* (1) de bon vin ; — Puchauriol, 86 liv. et les conditions.

En 1705, la Baronnette est affermée pour quatre ans 35 setiers de blé, 4 mesures de seigle, 12 paires de chapons, 12 paires de poules, 6 oies, 100 œufs.

En 1706, le Quarton vaut 530 liv.; Puchauriol 80 liv. avec les conditions.

En 1707, le Quarton, 280 liv. — Unzent, 230 livr. — Puchauriol, 80 livres avec les conditions ; — Bigorre, affermé pour 8 ans, 12 setiers de blé, 4 setiers avoine, 6 paires de chapons, 6 paires de poules et 100 œufs.

1708. Quarton 560 livr. — Saint-Amans et Unzent, 400 livr. et les conditions ; — Puchauriol, 90 livr.

1709. Quarton, 650 liv. avec conditions ; — Unzent et Saint-Amans, 320 liv.; — Puchauriol, 100 livr.

1710. Quarton, 400 livr.; — Unzent et St-Amans, 406 livr. et sept setiers d'avoine ; — Puchauriol, 36 livr.; — La Baronnette affermée pour deux ans 35 setiers et 4 mesures de seigle, 6 paires de chapons, 6 paires de poules, 6 oies, 100 œufs.

1711. Le Quarton et Puchauriol, 340 livr. avec conditions ; — Unzent et St-Amans, 330 livr. avec conditions ; — la métairie de Cabirol affermée pour 3 ans pour 3 setiers de blé et 2 paires de poules ; — un pâtu dans la rue de Lières affermé pour 29 ans, 20 sols.

1712. Puchauriol, 160 livr. avec les conditions.

1713. Rancheyne est affermé pour 4 ans, 22 setiers de seigle, 7 paires de chapons, 7 paires de gélines, 6 oies, 100 œufs. — Le Quarton, Unzent, Puchauriol, 770 livr. avec les conditions.

(1) Le barral valait, à Pamiers, 35 lit., 640.

1714. Le Quarton, 688 livr.

1715. Rancheyne affermé pour 22 setiers de blé et seigle, 7 paires de chapons, 7 paires de poules, 100 œufs.

1716. *Néant.*

1717. Le Quarton, 500 livr.; — Unzent et Saint-Amans, 320 livr.; — Puchauriol, 112 livr.; — la Baronnette, 20 setiers et 4 mesures de seigle, 6 paires de chapons, 6 paires de poules, 6 oies, 100 œufs. Une maison est louée pour 9 ans, 36 livr.

1718. Le Quarton 630 livr.; — Unzent et Saint-Amans, 260 livr. avec les conditions.

1719. Le Quarton 640 livr. avec les conditions; — Unzent et St-Amans, 360 livr. avec les conditions; — Puchauriol, 155 livr., 10 setiers d'avoine et 3 chapons.

1720. Le Quarton, 50 setiers de blé, 56 setiers de seigle, 5 setiers d'avoine, 5 paires de chapons; — Unzent et St-Amans, 575 livr., 5 setiers et demi d'avoine, 5 paires et demie de chapons; — Puchauriol, 215 livr., 2 setiers d'avoine, 2 paires de chapons.

1721. Le Quarton, 720 livr.; — Unzent et Saint-Amans, 140 livr. avec conditions; — Puchariol, 140 livr., 1 setier d'avoine, 1 paire de chapons; — Une maison dans la rue Sainte-Lène est louée 14 livr.

1722. Le Quarton, 750 livr. avec conditions; — Puchauriol, 166 livr.; — La Baronnette est affermée pour 4 ans, 35 setiers, 4 mesures de seigle, 6 paires de chapons, 6 paires de poules, 6 oies, 100 œufs.

1723. Le Quarton, Unzent et Puchauriol, 1780 livr. avec les conditions.

1724. Unzent et Saint-Amans, 455 livr. avec les conditions.

1725.. Le Quarton, 680 livr. avec les conditions; —

Puchauriol, 125 livr. avec les conditions ; — Unzent et St-Amans, 120 livr. avec les conditions.

1726. Puchauriol, 120 livr. avec les conditions ; — Unzent et Saint-Amans, 300 livr. avec les conditions. La Baronnette est affermée pour deux ans, 30 setiers de seigle, 6 paires de chapons, 6 paires de poules, 6 oies, 100 œufs. Rancheyne est affermée pour deux ans, 24 setiers de seigle, 7 paires de chapons, 7 paires de poules, 6 oies, 100 œufs.

1727. Une vigne de 35 journaux (1), à la *Croix du Blé*, est affermée pour 29 ans, 8 livr., 6 deniers ; — Unzent et St-Amans, 400 livr. avec les conditions ; — le Quarton, 815 livr. avec les conditions.

1728. Puchauriol, 170 livr. avec les conditions.

1729. La Bourdette affermée pour 6 ans, 60 setiers de seigle, 10 setiers de blé, 10 setiers d'avoine, 10 paires de chapons, 10 paires de poules, 8 oies, 200 œufs ; — La Baronnette affermée pour 4 ans, 30 setiers de seigle, 6 paires de chapons, 6 paires de poules, 6 oies, 100 œufs ; — Rancheyne affermée pour 4 ans, 22 setiers, 4 mesures de seigle, 9 paires de chapons, 9 paires de poules, 6 oies, 100 œufs; Unzent et St-Amans affermés pour 7 ans, 500 livr. avec les conditions ; — Puchauriol, pour 4 ans, 170 livr. avec les conditions.

Dans les minutes d'actes de Gardebosc appartenant aux dernières années du siècle, nous ne trouvons plus aucun renseignement sur les revenus du Chapitre Collégial. Les actes était-ils reçus chez un autre notaire ? C'est possible, mais nous n'oserions l'affirmer.

Nous avons vu que, dès 1643, on s'était remis à bâtir l'église du Camp. En 1645, un bail fut consenti pour cette fin à Jean Barnabé, Vital Bontemps et Gaudens Durand par

(1) Le « journal » était la dixième partie de la setérée.

le Seigneur Evêque, F.-E. de Caulet, et le Syndic de la Collégiale.

Malheureusement ce n'étaient point là les seules ruines à relever. Le 30 juillet 1651, le Conseil de la Ville imposait sur tous les habitants la somme de cinq mille livres pour aider aux manœuvres de l'église Cathédrale et du Camp, pour la réparation des murailles et du pont et le paiement des tailles, à condition toutefois que la Communauté serait consultée sur les batisses.

Reprise dans ces conditions défavorables, la construction demeura forcément inachevée. Les nouveaux murs furent arrêtés à une hauteur bien inférieure à celle qu'atteignait l'ancienne église. Il est vrai de dire que l'on sembla réserver l'avenir et que c'est seulement après 1840 que l'église a reçu le couronnement de sa lourde corniche, obstacle sérieux pour tout projet de restauration nouvelle.

Le seigneur Evêque réservait ses principales ressources pour sa cathédrale dont il demandait les plans à Mansard et créait en même temps sa demeure épiscopale. A l'occasion d'une visite pastorale faite en 1666 et que nous détaillerons longuement dans la seconde partie de notre travail, nous verrons les préoccupations du Prélat au sujet de la construction de l'église et de sa décoration intérieure.

Le besoin de protéger les marchands qui, pour leur négoce, venaient dresser leurs bancs sur la Place du Camp fit sentir, dès le 4 septembre 1697, le besoin de jeter un couvert sur une partie de cette place. Ce couvert, insuffisant d'abord, fut étendu en 1730 : même, par sentence arbitrale du 26 septembre, il fut décidé que les frais en seraient supportés par portions égales par l'Evêque, le Chapitre du Camp et la Communauté. Ce couvert du Camp qui avait disparu a été rétabli sous la Restauration. Construction peu gracieuse, il sert à masquer une construction moins gracieuse encore élevée sans art pour les divers services de l'église sur son flanc septentrional.

Mgr de Verthamon voulut laisser dans l'église Collégiale des traces de sa munificence. C'est lui qui, après avoir établi la dévotion au Sacré-Cœur, procura à la chapelle du *Saint-Sacrement* une magnifique décoration, or et azur, qu'on a reproduite et embellie dans la restauration de la chapelle en 1853 (1).

La boiserie du chœur formant retable est de 1705.

L'exemple donné par l'Evêque paraît n'avoir pas toujours été suivi par le clergé de la paroisse car, le 24 février 1720, le doyen du Camp, Balthazar Douvrier, léguait ses biens à l'hôpital à la charge d'une messe d'anniversaire à perpétuité et remettait quinze cents livres pour que la rente lui en fut servie jusqu'à sa mort.

Cependant l'église était en si mauvais état qu'en 1734 et en 1757, on dut aller faire les offices ailleurs.

Les murailles en furent haussées et les fenêtres agrandies en 1769.

La sacristie avait été agrandie en 1759 (2).

La voûte du Camp en briques plates fut terminée seulement en 1773. Construite aux frais de M. Louis de Fraxine, par Gelis, plâtrier à Carcassonne, elle s'était effondrée quand, une première fois, elle était à demie bâtie. Elle coûta six mille livres. Le même M. de Fraxine qui, dans le pays, a attaché son nom à plusieurs œuvres de bienfaisance, (3) fit décorer la chapelle de *Saint-Louis*, son

(1) Dans son testament du 17 août 1728, M. de Lattes, conseiller au Présidial, s'associa, par un legs de 100 liv., à cette restauration.

(2) J. de Lahondès.

(3) Le 7 décembre 1787, il donna à l'hospice de Pamiers les Bains d'Ussat et fonda, au Camp, une messe de midi, le dimanche, pour les voyageurs. Il mourut le 30 juin 1790.

patron, telle que nous la voyons aujourd'hui.

Par son testament du 17 mars 1783, une demoiselle Jeanne de Fraxine légua au Chapitre collégial une somme de trois mille livres pour que ledit Chapitre continuat à chanter l'*Oraison de Quarante Heures*, les trois jours de carnaval, et célébrât une messe solennelle les *lundi et mardi gras* avec diacre et sous-diacre, le St-Sacrement étant exposé depuis le matin jusqu'aux vêpres du soir, après lesquelles on devait chanter un *De Projundis* pour le repos de son ame puis donner un sermon. Enfin la Bénédiction devait être précédée du chant de l'antienne *Memorare, etc.* Etaient encore à la charge du Chapitre deux messes solennelles les jours de l'*Expectation* et de la *Compassion* de la Vierge avec chant du *De Profundis* après vêpres. Mlle de Fraxine a dû mourir en 1787.

A cette époque, comme de nos jours, le curé du Camp n'avait pas de presbytère. Une action avait été intentée au Parlement, en 1712, pour demander une maison presbytérale. Elle ne fut achetée au sieur Guillaume Amat, licencié en droit, que le 11 septembre 1785, au prix de 4,500 livres dont 500 livr. seulement furent payées comptant et le reste par versements échelonnés. C'est la maison occupée aujourd'hui par M. le docteur Pauly dans l'ancienne *rue de la Colombe* ou *rue d'Enrouge* prolongée.

Nous voici à la veille de la Révolution. Le souffle qui, depuis quelques années agitait la France ne permit de rien entreprendre pour embellir les édifices du culte. Le zèle des chrétiens se dépensait alors tout entier pour empêcher les ruines.

Dès que la paix fut rendue à l'Eglise, la Foi retrouva ses manifestations extérieures. Le 4 avril 1804, on bénit pour la paroisse une cloche qui fut nommée *Antonin-*

Marie. La cérémonie fut présidée par M. Ville, ancien vicaire général, assisté de M. Compans, curé, et d'autres ecclésiastiques. Le parrain fut Antonin Lafage, docteur-médecin, et la marraine Elisabeth Bardon, née Cazes. Les stations du *Via Crucis* furent solennellement placées dans l'église le 3 mai 1836 par M. Moutet, vicaire général, M. Maury étant curé.

En même temps que M. Bélesta faisait établir la corniche dont nous avons déjà parlé, on plaçait dans l'église les deux verrières historiées du chœur. Cette décoration ne devait être complétée par une série de vitraux représentant les patrons des chapelles qu'en 1872, à la diligence de M. Costes curé.

L'établissement du grand orgue et la refonte de la grande cloche datent de 1860. On pourvut à la dépense par des souscriptions privées. Les statues des anciens patrons, *Caius et Alexandre*, qui ornaient d'abord les piliers des hautes stalles du chœur avaient été portées contre le mur occidental de l'église. Elles furent descendues de leur socle pour faire place à l'installation nouvelle. Depuis elles sont reléguées dans les combles de la vieille collégiale attendant d'être rétablies ou remplacées par d'autres en témoignage du passé.

La foi expansive et l'attachement des paroissiens de *Notre-Dame du Camp* pour leur église se traduisent assez souvent par des dons généreux consacrés au développement du culte et à l'amélioraltion du matériel. Malheureusement la piété ne s'inspire pas toujours des exigences de l'art : ce qui demeure petit et mesquin prend tous les jours la place de ce qui devrait être beau et grand. Après la restauration sérieuse des chapelles du *St-Sacrement* et de *St-Roch*, nous avons vu celle de *Ste-Natalène* dont le culte venait d'être ravivé par une *Vie* nouvelle de la Sainte due à la plume d'un vicaire, M. Labios. *Ste-Germaine* a fait sa place dans les fonts baptismaux. Ces deux chapelles réalisent un idéal assez élémentaire ; elles sont... propres. Nous en dirons autant de *Ste-Luce.* Enfin à *St-Joseph*, on a fait un essai de la grande peinture religieuse (1). A défaut d'un nombre de baies suffisant pour abriter les expressions nouvelles de la dévotion, *N.-D. de Lourdes* et *Ste-Anne* ont été installées sur des autels minuscules contre les piliers de l'église.

Nous aimons assurément tout ce qui peut contribuer à nourrir la foi et à la développer dans les âmes : mais nous voudrions que l'on s'arrêtât dans cette voie qui est ouverte et que nos églises conservassent leur caractère de grandeur matérielle et morale répondant si bien à l'idée que nous avons de la Divinité qui les habite.

Un don plus sérieux a été fait en 1876, c'est celui du Maître-Autel en marbre blanc qui a remplacé un autre autel renaissance du plus mauvais goût dans lequel on avait cherché, sans y parvenir, à harmoniser, comme dans le *Style Louis XV*, des marbres de différentes couleurs simplement juxtaposés. Le nouvel autel, mieux conçu, présente des détails bien traités à côté d'autres qui laissent plus à désirer.

Réduite à des proportions qui paraissent définitives, l'église du Camp est privée encore aujourd'hui de sa décoration la plus belle. Occupant une place d'honneur dans la ville épiscopale, recevant successivement sous ses voûtes tous les Prélats qui portent au front la mitre des Evêques de Pamiers, elle en est à attendre sa Consécration. Que cet honneur accordé à des sœurs qui ne font que naître ne soit

(1) Cette peinture peu réussie vient d'être couverte par une toile reproduisant le « Mariage de la Vierge » de C. Vanloo.

pas refusé longtemps encore à l'aînée de la famille : **nous en renouvelons le vœu** pour le jour où le culte pourra de nouveau développer ses pompes au soleil de la vraie liberté religieuse.

Après Dieu dont, avec des intentions auxquelles nous nous plaisons à rendre hommage, les paroissiens cherchent d'abord à procurer la gloire, ses ministres ne sont point oubliés. La propriété du presbytère achetée à M. Amat s'est perdue pendant la Révolution : mais des âmes généreuses ont, à des intervalles divers, légué à l'usage du curé une rive sous le cimetière de Saint-Jean, une maison sous l'ancien rempart joignant la porte des Carmes à celle de Lestang et une vigne dans le quartier de Saint-Jean. La jouissance de ces deux derniers immeubles qui ne pouvaient répondre à leur première destination, a été abandonnée par M. Costes aux Sœurs dites les *Filles de Jésus* qui tiennent une maison de refuge pour les femmes âgées et de préservation pour les jeunes filles. Dans ces dernières années, une autre propriété d'agrément, au quartier de *Cahuzac*, a été laissée à l'usage des vicaires. Malheureusement le clergé paroissial à peu de loisirs pour jouir de ces libéralités. Deux et quelquefois trois prêtres au service d'une paroisse de plus de huit mille âmes sont un personnel insuffisant, même en un temps où la pratique de notre sainte religion est frappée du discrédit officiel.

L'ÉGLISE ET LA PAROISSE DE NOTRE-DAME DU CAMP

DEUXIÈME PARTIE
LA PAROISSE

I
Le Prieuré

Il serait difficile de dire comment fut organisé, dans les premiers temps et sous la direction des Evêques de Toulouse, le culte catholique à Pamiers. Lorsque, vers la fin du IXe siècle, l'*Abbaye de Saint-Antonin* eut été établie au *Nouveau-Mas*, les Evêques se déchargèrent d'une partie de leur sollicitude pastorale sur les Abbés qui sous leur juridiction, devinrent les supérieurs spirituels de la contrée.

Les églises de la région, le *Mercadal*, le *Camp*, les *Allemans*, *St-Jean-du-Falga* et les autres furent des prieurés sous la dépendance de l'Abbé de Saint-Antonin. En 1295, par le fait de la fondation d'un siège épiscopal à Pamiers, l'Abbé devint Evêque et les chanoines réguliers de Saint-Augustin siégeant au Mas formèrent son Chapitre cathédral. Tant que vécut B. Saisset, la Communauté des intérêts et l'énergie bien connue du Prélat maintinrent l'harmonie entre les diverses parties de ce corps nouveau qui s'essayait à vivre : mais, à l'avènement de Pilefort de Rabastens, en 1315, les dissentiments ne tardèrent pas à éclater.

Des différends s'élevèrent pour la distribution des bénéfices et revenus entre l'Evêque et le Chapitre. Ils furent apaisés par une sentence arbitrale rendue le 8 novembre 1315 où, entre autres chefs, il est marqué que le Prieuré du Camp sera donné à Me Pierre Armingaud et que, quand il sera vacant, l'évêque le conférera sur la présentation du Chapitre. Comme le Chapitre était obligé de donner, tous les ans, à l'Evêque la somme de 300 livres tournois en considération de quelques revenus et d'un château jusqu'à ce que on lui eût assigné ailleurs cette rente, les arbitres ordonnèrent que, si le Chapitre voulait lui donner, pour ces 300 livres, les prieurés de *Coussa*, du *Camp* et du *Mercadal*, il serait obligé de les accepter dans trois ans au plus tard et que le Chapitre dédommagerait les chanoines possesseurs de ces prieurés.

Volumus tamen et statuimus, dit le document, *et decernimus quod dictus Episcopus teneatur recipere pro dictis trecentis, libris turonensibus annualibus prioratus de Coussano, de Campo et de Mercatali infrà triennium, si Capitulum dictos tres prioratus tradiderit dicto Domino Episcopo in solutum dictarum trecentarum librarum turonensiam annualium predictarum. Quo casu volumus et decernimus quod fiat incontinenti ad arbitrium Espiscopi et Capituli recompensatio idonea canonicis prioratus supradictos possidentibus.* Quant aux baptêmes et aux mariages, ils se feront dans l'église cathédrale sans préjudice des droits de l'Evêque du recteur et de tous autres. *Item pronuntiamus quod pueri Appamiarum oriundi habeant et debeant in ecclesia cathedrali baptisari et ibidem nuptia contrahentium matrimonia solemnisari seu publice celebrari Episcopali jure et cujuslibet ecclesiœ tam dicto Episcopo quam rectori quam cujuslibet alii in omnibus sibi salvo.*

Dès que le prieuré du Camp eût été remis à l'Evêque, il **en disposa** comme d'une chose lui appartenant absolument, y nourrit, paya et logea un vicaire perpétuel avec deux prêtres, deux clercs et un valet jusqu'à ce que, pour se décharger de ce soin, il lui donna, en 1347, par acte que vint confirmer une Bulle de Clément VI en 1349 *triginta quatuor libras turonenses, totum manuale ecclesiæ prædictæ et Sancti Joannis ex illâ dependentis, ad dictum Episcopum pertinens quoquo modo, nec non tota legata quæ fierent capellano majori ejusdem ecclesiæ infrà parochiam ejusdem ecclesiæ, ac etiam legata quæ fierent mensæ communi S^{ti} Antonini Appamiarum inquantum pertinebant et pertinere poterant ad Episcopum memoratum... Virginti quinque solidos Tolosanos et unum cereum duarum livrarum quos Fratres Ordinis Carmelitarum Appamiarum prædicto Episcopo nomine dictæ ecclesiæ quolibet anno de servitio ceu annuo censu solvere tenebantur et etiam... quindecim solidos Tolosanos quos Fratres Ordinis Eremitarum S^{ti} Augustini Appamiarum eidem Episcopo nomine ejusdem ecclesiæ Campi quolibet anno de servitio ceu censu similiter facere consueverant... et mansionem in hospitio dici prioratus.*

Les trente-quatre livres pour lesquelles nos Evêques étaient engagés envers l'église du Camp durent être pour eux un tribut bien lourd puisque, le 1er juillet 1425, les syndics de la ville adressaient au Comte de Foix une supplique pour le prier de faire payer par l'Evêque au vicaire ou au curé du Mercadal vingt-cinq livr. et à celui du Camp trente-quatre livres de pension qu'il leur faisait. Plus tard, pour se décharger de l'obligation de payer au Chapitre du du Camp cette rente de trente-quatre livres, l'Evêque unit à la mense capitulaire la cure d'Unzent. Cette union fut confirmée plusieurs fois, notamment par Jules II en 1506. Il est dit dans la Bulle : *Cum olim dicta ecclesia, parochialis Beatæ Mariæ de Campo magna et populosa esset, ordinatum fuit quod in ipsa parochiali ecclesia existeret unus perpetuus vicarius associatus duobus clericis et uno servitore qui illius parochianis sacramenta ecclesiastica et alia spiritualia subministraret et alia perageret, ad quæ Episcopus Appamiarum pro tempore existens ipsius ecclesiæ parochialis prior seu verus rector tenebatur.* Cette union fut encore confirmée par Clément VII en 1523.

Nous avons vu, dans la première partie, quels étaient, dans les premières années du XIIIe siècle, les revenus d'Unzent et de son annexe Saint-Amans. Ils durent être d'abord perçus directement par le clergé de ces deux paroisses puisque, le 2 juin 1687, le Chapitre collégial eut à délibérer, à la demande introduite par Bernardin Bacquevin, vicaire perpétuel d'Unzent et St-Amans, sur la portion congrue de 300 livres pour lui et 150 pour son vicaire, lui faisant délaissement des entiers fruits décimaux. Le Chapitre accéda, dès le lendemain et, tous les ans à partir de ce jour, ce fut en son nom que la dîme fut affermée.

Dans la Bulle de Jules II dont nous avons donné un extrait et dans le document de 1347, l'église de Notre-Dame du Camp est déjà qualifiée paroissiale tandis que, dans la sentence arbitrale de 1347, il est dit que l'administration des sacrements appartient exclusivement à la Cathédrale, c'est-à-dire à l'église St-Martin du Mas. C'est que, dans le principe, les églises du Mercadal et du Camp n'étaient que ce que nous appelons aujourd'hui des églises de secours. On conçoit la gêne qui devait résulter pour les habitants d'aller au Mas toutes les fois que le demandaient leurs divers besoins spirituels.

A l'instigation du Chapitre et du curé du Mas, Dominique Grenier avait, en 1339, publié une ordonnance renouvelant la défense de faire des baptêmes et des mariages dans les églises du Mercadal et du Camp, mais seulement dans l'église cathédrale du Mas. Les consuls de Pamiers engagèrent un procès devant l'Officialité métropolitaine disant que le Mas n'était qu'un faubourg de Pamiers, alors que l'Evêque, dans son Ordonnance, prétendait au contraire que le Mercadal n'était qu'une de ses chapelles.

Une enquête fut faite, à la demande du chapitre cathédral, contre les consuls de Pamiers et les curés du Mercadal et du Camp pour établir que l'église paroissiale des habitants de Pamiers était celle du Mas St-Antonin et le cimetière du dit lieu celui où lesdits habitants devaient être inhumés quand ils n'avaient pas élu leur sépulture ailleurs ; que les chapelles du Mercadal et du Camp n'étaient que d'anciens prieurés dépendant du Chapitre qui les avait engagés à l'Evêque en représentation des 900 livres de rente qu'il devait lui assigner suivant la Bulle d'érection de l'Abbaye en Evêché et que les cimetières du *Mas-Viel* et de Saint-Jean n'étaient pas des cimetières de paroisse. A quoi les consuls et les deux curés du Mercadal et du Camp répondaient que l'église du Mercadal était la maîtresse paroisse de la ville de Pamiers, tant du Marcadal que du Bourg, qu'il y avait un cloître et un cimetière pour y enterrer les fidèles appartenant moitié au chanoine sacristain, moitié aux dits prêtres.

L'accord ne se fit que le 30 janvier 1343. Satisfaction fut donnée aux habitants de Pamiers dans un acte passé dans l'église même du Mercadal, en présence de Bernard de Marquefave, prieur claustral ; Germain de Châteauneuf, archidiacre ; Guillaume de Saint-Michel, secrétaire ; Bernard Saisset, ouvrier ; Guillaume Arnaud, infirmier ; les syndics et habitants de Pamiers. En retour, la Communauté accorda, le 19 mars, deux mille douze livres pour aider à la construction d'un clocher à la cathédrale et fournir aux besoins de cette église.

Une bulle du 31 décembre 1456, exécutée par l'Abbé de Foix, le 20 juin 1457, parle d'union d'églises à la cathédrale de Pamiers. On présume que ces églises sont celles du Mercadal et du Camp.

Le 10 décembre 1368, l'évêque Guillaume de Montespan confirma les statuts d'une confrérie de *Saint-Eloi* établie à Notre-Dame du Camp. Une autre confrérie plaça, en février 1467, les tailleurs sous le patronage de *Sainte-Luce*, dans la chapelle de ce nom.

Ces associations pieuses ne furent pas les seules à fleurir dans la nouvelle paroisse. Les habitants de Pamiers cherchèrent de bonne heure à se couvrir, contre les épidémies qui les décimaient par coupes réglées, de la protection de *Saint Sébastien*, honoré au Mercadal, et de *Saint Roch* honoré au Camp. Des *confréries* furent fondées, dans les deux églises, sous le vocable de ces deux saints (1406).

Le 16 août 1406, la fête de St-Roch fut célébrée solennellement dans les deux églises. Le Conseil de Ville ou *Trentat* avait décidé, le 25 avril précédent, de solenniser, tous les ans, cette fête. On avait décidé aussi qu'un tableau de St-Roch serait donné à chacune des deux paroisses. Ils furent peints par le prêtre Jean Vidal et payés six écus. L'année suivante, quelques jours avant la fête, ces deux tableaux furent portés par un des syndics et le trésorier de la Ville à l'Abbé de Foix qui les bénit. La confrérie fut établie à cette occasion. Les bailes devaient en être nommés tous les ans (1).

Si la dévotion à St-Roch a survécu à tous nos bouleversements sociaux, si elle est demeurée essentiellement populaire, attirant de nombreux fidèles au pied de l'autel du Saint toutes les fois que l'on se sent sous le coup d'une calamité publique, inclémence des saisons, épidémie ou autre, il ne reste de l'ancienne confrérie d'autre vestige que la procession annuelle du 16 août qui va faire station à l'hospice en passant dans nos vieilles rues, les seules que pratiquaient nos ancêtres du XVe siècle (2).

Le 17 juillet 1371, le Siège de Pamiers étant vacant, les syndics de la Ville présentèrent à l'Official et aux Curés du Mercadal et du Camp une Bulle donnée, le 18 juin, par le Pape Grégoire XI et portant privilège pour les habitants de Pamiers de ne pouvoir être appelés en justice hors de la Ville ou du Diocèse pour aucunes affaires ou citations faites d'autorité de la Cour de Rome, à la condition cependant d'avoir, dans le diocèse, un juge compétent devant qui répondre.

Il est fait mention dans nos annales (1554) de veilleurs et sonneurs pour les orages postés dans les clochers du Mercadal et du Camp et d'offrandes de six livres de chandelles faites à l'Eglise pour dire des passions tous les jours de mai.

II
La Collégiale

Jusqu'à l'année 1466, la paroisse du Camp avait été

---

(1) Ephémérides de Pamiers.
(2) Rappelons, pour mémoire, la « Confrairie des Agonisants », établie, en Avril 1787, chez les FF. Mineurs Conventuels (Cordeliers) et qui fut, au rétablissement du culte, transférée à N.-D. du Camp. Depuis longtemps elle a cessé d'exister. L'association de quelques femmes pieuses pour la « Bonne Mort », pourrait seule en renouveler le souvenir.

d'abord desservie par des prêtres amovibles dont l'Evêque était le curé primitif : il avait sous lui un vicaire perpétuel et quelques clercs secondaires. Dans les derniers temps, des obits ayant été fondés, il y eut, pour en faire le service, huit obituaires dont l'un était vicaire perpétuel.

Le 5 décembre 1466, l'Evêque Barthélemy d'Artigueloube érigea en *Collégiale* l'église de Notre-Dame du Camp de Pamiers.

Considérant, dit-il, que cette église paroissiale, fondée en l'honneur de la Très Glorieuse Vierge Marie et des Saints Martyrs Alexandre et Caius, est insigne, remarquable et d'une grande structure, qu'elle a un grand nombre de paroissiens et rassemble beaucoup de peuple, qu'elle est dotée de joyaux et d'ornements précieux, etc., après en avoir conféré avec les chanoines de son église de Pamiers, il érige en Collégiale cette même église du Camp en l'honneur de la Très Sainte Trinité, de la Bienheureuse Vierge, des Saints Alexandre et Caius et de toute la Cour Céleste. Il y établit huit collégiats ou chanoines avec un primicier perpétuel constitués en l'ordre de prêtrise pour y chanter, de de jour et de nuit, les louanges de Dieu. La collation, provision et entière disposition du primicériat et la règle du collège le regarderont et lui appartiendront et à ses successeurs perpétuellement. *Nos cupientes ipsam prærogativis et honnoribus conferentiâ et tractatu cum venerabilibus fratribus nostris Capitulo Ecclesiæ Appamiarum sponsæ nostræ præsentibus ac demum cum viris peritis et consilio et deliberatione maturâ habitis eamdem Ecclesiam nostram de Campo in Collegiatam ordinariâ potestate erigimus et octo Collegiatorum sæcularium numero in Collegiatorum ordine constitutorum, cum pri-*

micerio perpetuo insignimus atque ipsi collegiati per nos vel per successores nostros, ad quos hujusmodi primiceriatûs dispositio perpetuo spectabunt et pertinebunt... Hanc siquidem erectionem et cuncta ex eà dependentià atque prejudicia honorum prœeminentiœ, authoritatis et juris supradictœ Ecclesiœ Appamiarum et personarum ejusdem fecisse et facere protestantes et declarantes.

Parmi les collégiats, l'Evêque veut qu'il y en ait communément quatre de la paroisse du Camp, s'il s'y trouve un nombre suffisant de prêtres, et si, par hasard, ils l'avaient quittée pour habiter dans l'autre paroisse de la ville, qu'ils soient du moins originaires et natifs de celle du Camp.

On récitera à haute voix, à perpétuité, le jour et la nuit dans ladite église, les heures canoniales que la solennité du jour requerra et à l'heure du matin compétente. On célébrera, comme il est d'usage, une grand'messe avec note le lundi, pour le repos des âmes du Purgatoire, et chaque samedi en l'honneur de la Sainte Vierge, les autres jours, messe basse. Les jours de dimanche et de fêtes doubles ou solennelles, on célébrera solennellement la grand'messe avec note à l'heure de Tierce ou à toute autre heure avec diacre et sous-diacre et seront les collégiats tenus d'assister aux unes et aux autres.

Afin que le collège ait des revenus et des produits suffisants pour l'entretien du primicier et des collégiats, l'Evêque unit, annexe et incorpore à la mense collégiale de Notre-Dame du Camp la vicairerie perpétuelle et les obits ou anniversaires perpétuels de ladite église que possédaient et dont jouissaient, en ce moment, Pierre Maurelli, docteur en Saints-Décrets ; Raymond Aureoli, docteur ès-Lois ;

Guillaume de Gaudent, Bernard Cendrosi, Pierre Ferabant et Jacques Imberti. Il y joint aussi le bassin des quêtes du Purgatoire et tous leurs revenus et produits.

Cette Constitution fut donnée sous le sceau des armes de l'Evêque, dans la chapelle du palais épiscopal.

III

Le Chapitre

La mort de Barthélemy d'Artigueloube, le fondateur de la Collégiale, fut suivi de troubles qui agitèrent longtemps l'Eglise de Pamiers. Mathieu, son neveu, fut élu par le Chapitre s'autorisant de la *Pragmatique Sanction de de Bourges :* mais il se vit opposer une série de Prélats directement nommés par la Cour de Rome. D'un autre côté, la succession masculine dans la branche aînée de la Maison de Foix venait de s'éteindre et alors se posait la question de savoir si elle serait continuée par les femmes ou si, par application de la loi salique, la couronne comtale passerait à la branche cadette. Le pays se trouva divisé sous le rapport politique comme au point de vue religieux (1) et il en résulta des luttes opiniâtres qui l'ensanglantèrent, un siècle déjà avant les guerres de la Réforme.

Les collégiats du Camp en profitèrent pour se faire reconnaître comme chanoines sans le consentement de l'Evêque. La Bulle de Sixte IV de 1480 s'exprime ainsi au sujet des nouvelles dignités : *Primiceriatum in dignitatem principalem quœ decanatus nuncupatur et alia septem loca collegiata ejusdem ecclesiœ in septem canonicatus et totidem prœbendas eadem authoritate erigimus, et quod primicerius non primicerius*

(1) Jean de Foix, vicomte de Narbonne, soutint Mathieu d'Artigueloube ; Catherine de Foix, Pascal Dufour.

sed decanus, curatus vero et alii de collegio dictæ ecclesiæ canonici existant et canonicatus et præbendas hujusmodi cum plenitudine juris canonici obtineant, ac simul inibi capitulum constituant et communi arcâ seu bursâ aliisque insigniis collegialibus omnibusque et singulis privilegiis et honoribus aliis collegiatis ecclesiæ concedi consuetis potiantur et gaudeant et almutiam et cappam secundum morem canonicorum aliarum ecclesiarum provinciæ Tolosanæ deferre possint.

La présence de deux Chapitres et de quatre Ordres mendiants dans la petite ville de Pamiers donna lieu à de nombreuses questions de préséance qui divisèrent les esprits à cette période de notre histoire.

D'abord, ce fut le 20 mai 1499. Les chanoines du Camp voulaient paraître en corps, précédés de leur croix à la procession qui se faisait le lendemain de la Pentecôte, en mémoire, croit-on, de la Translation au Mas des reliques de Saint Antonin. Ils prétendaient marcher devant la croix de paroisse où était la place des Dominicains. Les sieurs Cazenave et Pierre de Calmels, consuls du Mercadal, se menacèrent réciproquement de la prison. A cause de cela et pour éviter tout conflit, il fut délibéré, le 29 mai, que ni le chapitre du Camp, ni les Ordres mendiants ne paraîtraient à la procession de la Fête-Dieu.

Une rivalité plus difficile à éteindre est celle qui subsista entre les deux Chapitres. Le Chapitre du Camp éprouva plus que l'autre le contre-coup des guerres religieuses qui dissipèrent ses biens et ses documents et dispersèrent ses membres au point que, pendant quelque temps, la paroisse fut seulement servie par un Cordelier. Pendant que le corps se reconstituait, le Chapitre cathédral moins éprouvé cherche à faire prévaloir ses avantages. Même tandis que, la cathédrale étant en reconstruction, il dut se réfugier au Camp pour y célébrer ses offices, il eut la prétention, sous le prétexte de sa primauté, d'y exercer les fonctions curiales.

Il en résulta une situation anormale à laquelle les chanoines du Camp cherchèrent à mettre un terme. Ils députèrent à l'Evêque quelques-uns de leurs membres pour lui représenter qu'ils lui demandaient d'être maintenus dans le droit de faire toutes les fonctions curiales dans leur paroisse et de jouir de tous les avantages des autres Chapitres collégiaux et principalement :

1° Que dans tous les concours funèbres qui se feraient sur la paroisse du Camp, la cérémonie du lèvement du corps et tout le reste de l'office leur fut réservé privativement à tout autre, quoique le Chapitre cathédral y fut appelé ; que, pour cet effet, le curé seul ou vicaire porterait l'étole et le pluvial et marcherait auprès du corps mort, dans l'ordre de la procession tant qu'il serait sur le terrain de la paroisse ;

2° Que dans les assemblées où les deux clergés se rencontreraient, le Chapitre du Camp prit la gauche du Cathédral, les deux chantant alternativement les versets, le Cathédral le premier, le Collégial le second, allant à l'offrande, recevant la paix et l'encens dans le même ordre.

Il est juste, dit le mémoire, que, comme le clergé est un corps ecclésiastique dont l'Evêque est le chef, le Chapitre cathédral le bras droit et le Collégial le bras gauche, ils gardent dans les assemblées le même ordre et la même situation que ces trois membres ont dans le corps naturel et qu'ainsi, l'Evêque étant dans le lieu le plus éminent, le Chapitre cathédral soit à sa droite et le Collégial à sa gauche et que les deux Chapitres marchent en cet ordre dans les processions, quand ils vont au lutrin ou à l'offrande ; qu'ils soient encensés et reçoivent la paix dans le même ordre.

3° Que le corps du Chapitre collégial et même son Doyen seul, à cause de sa dignité, précédât les particuliers du Chapitre cathédral ne représentant pas le Corps ou n'étant point constitués en dignités ;

4° Que les offrandes des cierges qui se prendraient dans les offices faits dans l'église collégiale, surtout pour quelque mort de la paroisse, même en présence du Chapitre cathédral, lui appartinssent entièrement et que, lorsqu'un mort de la paroisse du Chapitre collégial serait enterré chez les religieux ou ailleurs, la moitié des cierges tenant lieu de quarte funéraire appartint au Chapitre collègial alors même que le Chapitre cathédral y aurait assisté.

Le mémoire que nous analysons fait observer que ceux qui sont *accomodés* veulent ordinairement être enterrés dans un couvent et qu'il n'y a que ceux de qui on ne peut presque rien prendre qui souffrent d'être inhumés à la paroisse.

A l'appui de leurs dires, les chanoines citaient de nombreux abus dont s'étaient rendus coupables à leur égard les membres du Chapitre cathédral. Ainsi, M. Carrère, l'un des députés du Chapitre, est prié de se souvenir que, lorsqu'il appartenait au Chapitre collégial, il ne voulait point se trouver aux funérailles bien que la cathédrale n'empêchât point de faire les cérémonies de la levée du corps mais les répétât seulement après : ce qui ne se faisait jamais sans troubles. Il n'a pas oublié en particulier que n'ayant point voulu assister à l'enterrement de feu M. de Lacanavière et ayant prié M. Beyria qui n'était pour lors que vicaire du Camp, qui en fut plus tard chanoine et qui maintenant l'est de la cathédrale, de vouloir faire l'office, M. Beyria, pour soutenir son droit, voulut marcher près du corps dans l'ordre de la procession et le convoi en fut arrêté quelque temps. M. Carla, présentement chanoine de la cathédrale, a formé, lorsqu'il était doyen du Camp, plusieurs oppositions sur les entreprises qu'il croyait être faites par le Chapitre cathédral sur les chanoines collégiaux.

Inutilement le Chapitre de la cathédrale prétendait être curé primitif du Camp. Il l'était dans le principe, quand le prieuré lui appartenait : mais depuis il l'avait cédé à l'Evêque sans condition. Il ne pouvait y prétendre de ce que, le lendemain de Pâques, il allait dire une messe au Camp et de ce que le jour de Notre-Dame d'Août, il y allait en procession; comme le lendemain, jour de St-Roch, le Chapitre du Camp allait en procession à l'hôpital, sur la paroisse de la cathédrale (1).

Ces faits ne sauraient tirer à conséquence. Comme d'autres curés du Chapitre vont en d'autres églises sans y prétendre des droits et par dévotion à quelque Saint, ainsi peut-on aller à la paroisse du Camp, à *Notre-Dame* par l'invocation de laquelle on dit qu'il s'est fait autrefois *plusieurs miracles*.

Inutilement encore on leur opposait deux transactions passées entre le Sacristain de la cathédrale et les Religieux Mendiants de la ville, confirmées par Mgr de Sponde et Mgr de Caulet, en vertu desquelles les chanoines de la cathédrale prétendaient que la moitié des cierges tenant lieu de quarte funéraire appartenaient à leur Sacristain lorsque les paroissiens du Camp étaient enterrés chez les Religieux

---

(1) Par Bulle du Pape Alexandre VI, en 1499, la cathédrale avait été transférée de « St-Martin du Mas à Notre-Dame du Mercadal.» Cette translation alors décrétée ne fut réalisée que vingt-cinq ans après.

si le Chapitre y assistait. La légitimité en droit de cette prétention où le Sacristain témoignait dans sa propre cause était contestée.

Pour régler ce différend, l'Evêque rend, le 3 juillet 1670, dans l'église du Camp et en présence du Chapitre, une Ordonnance où il établit :

1° Que pour les processions, les règlements et ordonnances faits sur ce chef par son prédécesseur en sa visite seront observés comme ils l'ont été jusqu'à présent et, ce faisant, que les chanoines et prébendiers de la collégiale se rendront, les Fêtes et Dimanches, dans l'église du Camp à neuf heures du matin et à trois heures de l'après-dînée pour y chanter les divins offices avec le Chapitre cathédral et, afin de conserver l'union et la paix entre eux et pour prévenir tout désordre et toute confusion, il ordonne que le Chapitre collégial se placera, ainsi qu'il l'a toujours fait, aux premières places qui sont aux deux côtés du bas-chœur laissant au Chapitre cathédral celles qui sont plus près de l'autel.

3° Que les offices seront faits par le chanoines de la Cathédrale qui sera en semaine, que les quatre dignités de la cathédrale iront les premiers à l'offrande et après eux, le doyen du Camp, ensuite tous les chanoines cathédraux et après eux ceux de la collégiale qui seront suivis des prébendiers de la Cathédrale et, en dernier lieu, de ceux du Camp. On gardera le même ordre pour les antiennes, l'encensement et la paix. Lorsque le Chapitre collégial assistera à Matines, on partagera les leçons en sorte que le Doyen du Camp en dise une immédiatement avant les dignités de la Cathédrale et un ou deux chanoines du Camp avant les chanoines de la cathédrale.

4° Que le jour de l'Assomption de Notre-Dame, le titulaire

du Camp, et celui des Saints Caius et Alexandre, ses patrons, l'office sera fait par le doyen de la Collégiale et, en son absence, par un de ses chanoines, n'étant ni juste ni bien séant que le doyen et les chanoines soient privés de tout honneur dans leur propre église pour y avoir reçu le Chapitre cathédral ;

5º Pour ne point confondre les règlements de l'Eglise justement établis et conserver à chacun ses droits, il ordonne que chaque Chapitre fera la levée des corps sur sa paroisse, le cathédral sur la paroisse du Mercadal seulement et le collégial, sur la seule paroisse du Camp et, en conséquence de la levée du corps, celui qui l'aura faite portera l'étole et le pluvial et fera le reste de l'office. Les droits et émoluments funéraires appartiendront à chacun desdits Chapitres à l'égard de leurs paroissiens, sans que le Chapitre cathédral puisse avoir aucun droit aux émoluments des paroissiens de la collégiale.

6º Quant aux offices qui se feront chez les religieux, si les deux chapitres n'aiment mieux ne point s'y trouver, suivant l'usage de la Métropole, les premières antiennes seront chantées par les dignités de la Cathédrale et, après eux, le Doyen du Camp en dira une. Le dernier verset du Trait sera chanté par deux chanoines de la Collégiale.

Pour faire mieux connaître l'état de la paroisse du Camp à cette époque, nous allons analyser deux Ordonnances de visite Pastorale de Mgr de Caulet.

La première est du 29 décembre 1654.

L'Evêque recommande d'abord qu'il soit fait un tabernacle riche et de grandeur convenable pour le maître-autel ; que l'on place à portée un chandelier pour l'élévation. On achètera, dans deux ans, une cloche de douze quintaux pour être entendue de toute la ville. On fera pour cela une quête dans la paroisse et le clocher sera aussi couvert aux dépens du public. Les chapelles de l'église sont déclarées exemptes de toute servitude particulière et communes à tous les fidèles ; les chanoines ne pourront y admettre aucune sépulture non plus que dans l'église, à moins d'une permission expresse de l'Evêque donnée par écrit et ce, *sous peine de suspense*. Cependant, la nef proche le chœur est réservée pour y ensevelir les chanoines à droite, les prébendiers à gauche. Les diverses confréries pourront continuer leurs exercices ou offices, à la charge cependant d'entretenir leurs chapelles blanches, parées et garnies de vitres sous la direction du Doyen du Chapitre. Dans les séances, le Doyen prendra la première place aux hautes chaises, puis les chanoines prêtres, diacres et sous-diacres, selon leur rang de réception, ayant tous égard à la dignité de leur ordre sacré; pour les chanoines non encore sacrés, ils se mettront aux chaises basses selon leur rang de réception; ensuite les prébendiers suivant le même ordre. — Défense expresse est faite aux laïques de prendre place dans le chœur pendant les messes conventuelles et autres offices. Pendant un ou deux ans, un maître des cérémonies apprendra, dans la sacristie, aux chanoines et prébendiers le chant, les cérémonies et les rubriques romaines, les offices de diacre et de sous-diacre, à bien prononcer, soit en public, soit en particulier, à psalmodier au chœur, *sous peine d'être pointés*. Le Doyen tiendra là à ce que cet ordre soit exécuté.

La grand'messe commencera en tout temps à huit heures et demie, hors pendant l'Avent et le Carême à cause de l'instruction. Elle sera précédée de Tierce et suivie de Sexte.

Les assemblées capitulaires se tiendront tous les quinze jours, le mercredi, à huit heures du matin, et seront convoquées au son de la cloche (1). Si le mercredi est un jour de fête chômée, elles seront renvoyées au lendemain. Il y aura, dans le lieu de la réunion, un tableau de dévotion, une table pour le secrétaire, des bancs et des sièges. Tous les chanoines sacrés auront voix délibérative. On pointera les absents. Le président récitera en commençant le *Veni Creator* et, à la fin, une Antienne à la Sainte-Vierge. Ces prières seront accompagnées de leurs versets et oraisons. Chacun opinera à son tour, selon le rang de sa dignité et son ordre de réception, sur les manquements remarqués depuis la dernière assemblée et les affaires intéressant le bien spirituel et temporel du Chapitre. Il sera tenu un registre des délibérations qui ne sortira pas du lieu de l'assemblée. S'il y a lieu de tenir des réunions extraordinaires, les chanoines seront convoqués à domicile par un clerc à la diligence du syndic ou, en son absence, du plus ancien chanoine et appelés au son de la cloche. Il y aura chapitre général deux fois l'an, le premier lundi non empêché après Notre-Dame d'août et en mars. On y fera les départements et, au chapitre d'août, seront arrêtés les comptes du trésorier.

L'Evêque se plaint de ce que plusieurs chanoines ne se laissent point arrêter par la pointe et négligent de faire leurs fruits ; ils ne gardent point la résidence et frustrent l'intention des fondateurs. Ils devront rentrer dans les deux

(1) Plus tard, vu les inconvénients du service paroissial, l'Evêque permit de tenir les assemblées dans l'après-midi. Tous ceux du corps pouvaient y assister : mais il n'y avait d'obligation que pour les chanoines dans les ordres sacrés qui avaient seuls voix délibérative.
En 1687, le nombre des chanoines observant la résidence n'était plus que de quatre. C'étaient Jacques Clarac, Jean Ladevèze, Jean Cazes, Paul-Jacques Charly. Le 15 septembre, ils convinrent d'admettre à leurs assemblées Jean Marfaing, chanoine, bachelier en théologie, mais non encore « in sacris », et ce pour pouvoir délibérer plus efficacement, selon les occurences, sur ce qui regarde la gloire de Dieu et le service de l'Eglise.

mois dans leur église, notamment Georges de Clarac, Tholosané, Jean de la Sesquière, chanoines ; Jean-Paul, Jean Rivière, cousin, prébendiers, ou ils seront contraints par les peines portées par les Saints Canons.

Les obits et fondations des messes seront réduits après que l'inventaire en aura été examiné : mais, en attendant, le Doyen du Chapitre et les chanoines veilleront à leur exécution. Les archives et titres du Chapitre seront soigueusement ramassés et renfermés dans une armoire. On en dressera dans les deux mois, un inventaire raisonné en bonne et due forme signée du Doyen et du Syndic du Chapitre et déposé dans l'armoire avec les archives. Copie en sera déposée aux archives de l'Evêché dans les trois mois. L'armoire des archives aura deux clefs tenues par le Doyen et le Trésorier. Les titres n'en pourront être retirés que par délibération capitulaire et ne seront produits pour les affaires que par extraits et copies collationnées. L'Evêque, pour mieux s'instruire des obligations du Chapitre, demande que, dans les six mois, il lui soit donné communication des actes les plus importants.

Après avoir donné d'excellentes instructions pour encourager la piété et la régularité des chanoines et assurer le choix des clercs inférieurs, l'Evêque se préoccupe du service de la paroisse qui est de trois mille communiants ou à peu près. Il n'y a qu'un ou deux vicaires sans autorité suffisante et qui ne peuvent faire face aux besoins spirituels de la population. Ouïs les chanoines tant sacrés que non sacrés et de leur consentement, l'Evêque unit et annexe à perpétuité la charge et régime des âmes en forme de *vicairerie perpétuelle* au doyenné du Chapitre. Afin que le Doyen puisse satisfaire à toutes les obligations d'un vicaire perpétuel, il lui assigne, outre le manuel, la somme de quatre cents livres de la mense du Chapitre, outre et par dessus la double portion qu'il a coutume de percevoir en sa qualité de Doyen. Moyennant laquelle somme de quatre cents livres, il sera obligé de tenir deux vicaires pour acquitter, conjointement avec lui, les devoirs d'un véritable pasteur et aussi les clercs nécessaires à l'administration des sacrements et au régime et assistance des âmes.

Le Prélat fait un moment allusion aux différends qui se sont élevés entre le Chapitre du Camp et le Chapitre cathédral : aucun membre de ce dernier n'a voulu se présenter malgré l'intimation que l'Evêque en a faite à Frère Raymond Bellouguet, cellerier. Il ne veut point agir en juge, ayant trois de ses domestiques dans le Chapitre du Camp ; il les engage à s'entendre amiablement, faute de ce, l'official de l'Evêque étant le Doyen même du Camp, ils auront à se pourvoir devant l'official de Toulouse pour leur être fait droit sur tous et sur chacun de leurs différends.

Le dimanche avant St-Jean-Baptiste, les nouveaux marguilliers seront nommés à la pluralité des voix tant des consuls que des principaux habitants de la paroisse convoqués au prône, le matin, sous la présidence du Doyen ou autre commis par lui, et les élus prêteront entre ses mains le serment d'administrer fidèlement leur charge. L'argent sera gardé dans un coffre à trois clefs. On en achètera le luminaire et les ornements, en réservant toutefois le bassin du Purgatoire et des pauvres honteux. — Le cimetière sera clos de bonnes murailles et, des deux côtés, aux avenues, on élèvera un mur afin que le bétail ne puisse y entrer. Le Doyen du Camp et le Chapitre sont chargés en conscience d'avoir l'œil à l'exécution de l'Ordonnance.

Pour augmenter la foi des fidèles envers Notre Seigneur Jésus-Christ et réparer les outrages qu'il a reçus de la part des hérétiques dans le Diocèse et surtout dans la ville de Pamiers, l'Evêque a institué et institue dans l'église du Camp la *Confrérie du Très Saint-Sacrement.* Il lui donnera des Statuts. A ces fins, le Saint-Sacrement sera exposé à la messe et vêpres tous les quatrièmes dimanches, puis porté en procession sous le poêle, ensuite on donnera la bénédiction (1).

Le sieur Gasc, clerc, négligerait d'acquitter certains obits dont il a la charge : il justifiera du service de la fondation, sans quoi il y sera pourvu suivant les SS. Décrets.

La pratique condamnée par Mgr de Sponde d'assister à la messe, aux convois et aux funérailles et d'aller à l'offrande, la tête couverte, a repris par la négligence des ecclésiastiques L'Evêque le défend à son tour sous peine d'excommunication. Le Doyen du Chapitre et autres prêtres ne pourront, sous peine de suspense, célébrer en présence de personnes couvertes et, pour qu'on n'en ignore, la présente ordonnance sera lue au prône le dimanche qui suivra et, de temps en temps, à la discrétion du Doyen.

Cette ordonnance de visite a été lue et expliquée par l'Evêque, le mardi 29 décembre et le mardi 5 janvier, au Doyen, aux chanoines et prébendiers du Chapitre qui devront, en conscience, s'y conformer. Copie en sera donnée par Banny, secrétaire, à Jean Carrière, trésorier du Chapitre qui en fera deux expéditions collationnées, l'une pour le Doyen, l'autre devant demeurer entre les mains du trésorier

---

(1) Le Pape Clément X accorda, à la sollicitation de la Reine, des Indulgences à l'œuvre de l'Adoration perpétuelle du T. S. Sacrement, le 22 janvier 1674. Mgr de Verthamon érigea de nouveau la confrérie du Camp, le 14 octobre 1726. Les exercices commencèrent le 27. M Louis Bréal, doyen du Chapitre, était nommé supérieur, Monsieur François Piquemal, chanoine, directeur.

Après la Révolution, la Confrérie fut réorganisée par Mgr Primat, le 8 juin 1805 (14 prairial, an XIII), à la motion de M. Joseph-Louis Compans, curé.

pour être lue, de temps en temps, aux chanoines et habitués du chœur, principalement en ce qui concerne la célébration des divers offices et le règlement des mœurs.

Donné à Pamiers, le 6 janvier 1653.

L'Ordonnance de visite Pastorale du 16 juin 1666 ne fit que confirmer celle du 6 janvier que nous venons d'analyser dans ces parties essentielles. Aussi avons-nous peu de chose à ajouter.

Il y est dit que la chapelle des fonts sera fermée d'un balustre et mise en bon état. Les fonts seront replacés au milieu de la chapelle, au-dessus de deux ou trois marches et surmontés d'une pyramide, la fenêtre de la chapelle sera vitrée. On aura des crémières honnêtes à deux roses pour le baptême. On fera attacher la cloche en sorte qu'elle ne puisse tomber et qu'elle sonne en branle avec un baton plus fin. Le tout au dépens du peuple, une quête étant autorisée.

Le cimetière de St-Jean est ouvert, le bétail y entre, les portes et les grilles ayant été rompues et enlevées. Elles seront refaites aux dépens des paroissiens et les murs relevés et il sera fait défense d'y toucher sous peine d'excommunication.

Pour ce qui regarde la pointe, il est statué que *Tierce*, *Sexte* et *Complies* tiendront lieu d'une des grandes heures ; pour le surplus, on se conformera à la cathédrale. Pour la *messe*, on pointera à la fin de l'épître, à *matines* et à *vêpres*, à la fin du premier psaume ; aux *petites heures*, aux petits versets du premier psaume. Celui qui sortira, à Prime, à la fin du Martyrologe ; aux autres *heures*, avant l'Oraison ; à la messe, avant la bénédiction sera pointé comme absent.

Il est accordé à chaque chanoine quinze jours de vacances

dans l'année pourvu qu'il prenne congé du Chapitre de peur que, plusieurs s'absentant à la fois, le service de l'Office divin ne vienne à souffrir.

Et parce que l'Evêque a trouvé les titres des prébendiers faits *pleno jure* par le Chapitre sans aucune institution de l'Evêque, contre le droit commun et les termes de la fondation en collège, il est statué que le Chapitre fera valoir son droit dans trois mois, après quoi, il sera déchu.

Pour les différends qui existent entre les chapitres du Mercadal et du Camp, les chanoines prendront pour règle ce qui se pratique à l'église métropolitaine et, si l'on ne trouve pas d'exemple l'Evêque se réserve d'en connaître dans les six mois.

Quant au différend entre le Doyen et les chanoines pour la convocation du Chapitre, il est ordonné que, la cloche étant sonnée, le Chapitre se tiendra, que le Doyen soit présent ou absent. Le Doyen arrêtera la pointe toutes les fois qu'il sera présent au chœur. Quant aux autres droits et honneurs prétendus, il aura six mois pour les établir et les faire valoir devant l'Evêque.

Le sieur Clarac, se disant chanoine du Capitre, n'a point daigné paraître à la visite, bien qu'il ait été mandé. Il ne produit aucun titre canonique de son élection et l'on assure qu'il n'en a d'autre que certaine ordonnance du Parlement. Défense est faite au Chapitre de lui faire aucune distribution, qu'il n'y soit contraint par la force.

Sur le différend du Doyen avec le Chapitre concernant le luminaire, l'encens et autres choses contenues dans le procès-verbal de l'Evêque, vu la fondation et érection en Collège du 5 septembre 1466, la fondation en Chapitre de 1482, les délibérations du 2 mars et du 9 novembre 1654, l'ordonnance de visite du 6 janvier 1655, la requête du

Chapitre sur laquelle est rendue le Mandement de visite signifié le 18 mai dernier, les auditions catégoriques de François Carla et de Michel Carrère, chanoines de la cathédrale, les mémoires et écritures des parties, tout bien considéré et ayant pris conseil, l'Evêque qui ne trouve aucun moyen de faire convenir les parties par voie d'arbitres, soit à Toulouse, soit à Pamiers, ayant suspendu sa visite pour cet effet, afin d'éviter les scandales qui arrivent tous les jours par défaut des choses nécessaires au service divin à quoi le peuple prend garde et pour autres raisons contenues n long dans son procès-verbal pour ces justes considérations et du consentement de toutes les parties, remet les choses en l'état où elles étaient lors de la visite du 6 janvier 1655 et avant l'union de la cure au Doyenné. Cette union est dissoute et, dans le mois, sera présentée à l'Evêque une personne de la capacité et qualité requises pour se charger de la paroisse comme vicaire perpétuel sous les conditions portées dans la délibération du 9 novembre 1654. Après un mois, l'Evêque y pourvoiera et jusqu'alors le Doyen et le Chapitre vaqueront au régime des âmes et au service de l'église.

Quant à l'impossibilité de satisfaire aux obligations portées dans la fondation et érection du collège en Chapitre, attendu la pauvreté extrême dudit Chapitre dont le revenu, toutes les charges faites, n'est que de 700 ou 800 livres environ pour faire subsister un Doyen, huit chanoines et sept prébendiers, l'hérésie et les guerres l'ayant réduit en cet état, l'Evêque remet à un autre temps pour pouvoir consulter les expédients, remédier à tous les inconvénients et établir quelque bien solide et permanent pour la gloire de Dieu et le salut des âmes.

Donné à Pamiers, en visite, le 17ᵉ jour du mois de juillet 1666.

Il a été question, dans les documents qui précèdent, du vicariat de Notre-Dame du Camp. Il paraît que, un moment, il avait été mis *à ferme* dans la paroisse. Nous avons trouvé un acte du 23 avril 1636 dans lequel cette fonction est donnée, à ce titre et pour une année devant commencer à la fête de la Saint-Jean-Baptiste, à Pierre **Francazal**, du diocèse de Rieux, sous les gages de 25 setiers de blé froment et 5 setiers de seigle, bon et marchand, mesure de Pamiers, criblé à deux cribles, et ensemble douze mesures de blé et douze mesures de seigle. Le chanoine Raymond Martin qui fait les conditions se réserve l'offrande des jours de fêtes solennelles et le sieur Francazal s'oblige à remplir le devoir de sa charge, administrer les sacrements aux paroissiens, à faire sonner l'horloge et à se faire approuver par l'Evêque.

Francazal n'était pourtant pas un nouveau venu pour la paroisse. Il figure, dans les actes comme vicaire, déjà en 1633. Nous avons vu qu'en 1635 il a été témoin d'une bénédiction de cloche présidée par Jean de Sponde, évêque de Mégare et coadjuteur de Pamiers. L'année d'après il devint chanoine.

Plus tard, nous trouvons l'Evêque prélevant les trois quarts des fruits décimaux de la paroisse du Camp et payant les trois quarts des portions congrues du vicaire perpétuel et des autres vicaires.

C'est ainsi que, le 19 juillet 1732 et en vertu d'une transaction du 25 septembre 1714, il paya à Antoine Lafront, ancien vicaire, 132 livres, 9 deniers. Le quart de la portion revenant au Chapitre collégial étant de 44 livres, 11 sols, 6 deniers.

Au XVIIIe siècle, nous voyons quelques Dominicains compter comme vicaires dans le personnel de Notre-Dame du Camp. Ainsi les PP. Paul de St-Marc, en 1709 ; Joseph Cassagne, en 1714 ; Daran, en 1723 ; Gil, en 1725.

Les différents litiges auxquels avaient essayé de mettre fin les deux Ordonnances de visite Pastorale de Mgr de Caulet subsistèrent encore longtemps. C'étaient d'abord des difficultés créées au clergé paroissial par l'ingérence dans les sépultures du Chapitre cathédral et des religieux. Le plus ardent à formuler des plaintes à ce sujet est l'abbé Duboys de 1703 à 1726.

Jean Duboys avait, le 24 avril 1703, résigné, par devant notaire, sa cure des *SS. Abdon et Sennen de Courbarieu*, au diocèse de Montauban, pour devenir curé et chanoine de la Collégiale de Pamiers.

Le 4 octobre de cette même année, il protestait déjà auprès du Chapitre au sujet de Jacques de Clarac, ancien chanoine de la Collégiale, décédé sur la paroisse du Mercadal, porté, pour y être enseveli, dans l'église du Camp.

Le 28 juin 1709, le corps de Pierre Flotard, maître charpentier de la rue Sainte-Hélène, était, malgré les protestations du P. Marsanac, gardien des Cordeliers, signifiées par Francazal, archer de Pamiers, enseveli au cimetière de Saint-Jean où avaient été portés précédemment sa dernière femme et un de ses enfants.

En 1713 et le 22 janvier, c'est Jeanne-Philiberte de Lévis-Gaudiès qui est morte chez les Sœurs de Sainte-Claire. Le curé se présente, en habit de chœur, pour faire la levée du corps et l'office de la sépulture comme étant des fonctions curiales. Le Chapitre cathédral s'étant présenté pour les mêmes fonctions, il lui dénonce son droit accompagné de Mᵉ Dégeilh, notaire, et requiert acte avant de se retirer.

1715, 11 septembre, Jean Ferrières, conseiller au Présidial, meurt, rue des Jacobins. Il est enterré chez les Dominicains et la levée du corps est faite par le Chapitre cathédral, le curé ayant consenti à la prière des parents.

Jean Remaury, ancien chanoine de Notre-Dame du Camp étant mort, le 10 octobre 1718, à l'âge de 37 ans, c'est M. Bréal, vicaire général, qui fait la levée du corps et préside l'office. Le curé y a consenti, afin d'éviter les mauvaises suites d'une contestation à ce sujet avec le Chapitre, et ce, pour ce cas seulement où le Chapitre n'a fait ni la levée du corps, ni officié, ni le curé également.

Marianne de Montégut, du diocèse de Lavaur, étant morte, à l'âge de 7 ans, chez les Ursulines (1) où elle était pensionnaire (3 octob. 1727), fut enterrée dans leur chapelle par Brisson, vicaire, avec le consentement du curé et et par permission expresse de l'Evèque.

Le curé Duboys se plaint, fin septembre 1706, et sa plainte est consignée dans les registres de la paroisse sous la rubrique *Ad rei memoriam*, de ce que MM. du Chapitre sont toujours fort peu disposés à bailler au curé du Camp un jeune homme pour servir en surplis dans les fonctions de la paroisse telles que l'administration des sacrements. Il se trouve contraint de poursuivre un procès pour les forcer à lui bailler cent francs portés par une Ordonnance de visite de Mgr de Caulet, dernier Evèque. Avec cette somme, le curé devait avoir et entretenir un clerc pour le servir en surplis et faire quelques autres dépenses marquées dans la même ordonnance. Il ne pouvait plus supporter l'indécence de voir accompagner un prêtre aux sépultures, servir dans l'administration des sacrements et autres fonctions, un garçon, tantôt portant des sabots, tantôt sans bas ni souliers, ce qui serait à peine tolérable dans le plus chétif village.

(1) Les Ursulines s'étaient établies à Pamiers, en 1644, dans la rue des Cordeliers et près de l'église du Camp.

De son propre mouvement, il a choisi un jeune homme pour servir le curé, les vicaires et les autres prêtres de la paroisse; il lui a fait faire, à ses dépens une soutane et un surplis, lui a payé pour ses services une rétribution convenable, se réservant de demander à être remboursé de ses avances par le Chapitre et demeurant toujours libre, ainsi que les curés ses successeurs, de tenir un clerc ou de n'en pas tenir, de faire cette dépense ou de ne pas la faire.

Autre acte du même Duboys, encore sous la rubrique *Ad rei memoriam* :

M. Bréal, vicaire général, et l'Evêque, Mgr de Verthamon, ont, sur la fin d'août 1709, voulu faire quelques changements dans l'église paroissiale et collégiale du Camp. Le curé est appelé, en présence de M. Robert, curé du Mercadal, et on lui demande son consentement pour la transposition du Maître-Autel qui est l'autel de la paroisse. Le consentement est accordé à condition que ce sera toujours l'autel de la paroisse, ce que le vicaire général promet de faire observer. L'autel est solennellement bénit le 13 octobre.

Nous ignorons pour quelles raisons les sacrements ne sont pas administrés dans l'église du Camp pendant les mois de juin, juillet, août 1716. Elle devait être en réparations. Ainsi, le 16 juin, deux mariages sont célébrés chez les FF. Prêcheurs ; 30 juin, un mariage *dans l'église qui sert à la paroisse du Camp* ; 21 juillet, autre mariage chez les Cordeliers ; 3 août, encore un mariage chez les FF. Prêcheurs ; enfin, le 9 septembre, une union est bénite à la paroisse.

Les difficultés que M. Duboys avait avec le Chapitre au sujet de l'administration de l'église et du partage des revenus casuels avaient été portés par lui devant le Parlement. On avait essayé d'une transaction en 1714, mais l'accord ne fut complet qu'en 1729, sous M. Marrast, son successeur.

Bertrand Marrast, bachelier en théologie et chanoine de la Collégiale, appartenait à la bourgeoisie de Pamiers. Il était fils de Jean Marrast, marchand, et de Paule de Paul. Il figure, comme clerc tonsuré, dans un acte de famille en 1703. Nous trouvons sa signature dans les registres de la paroisse en 1718 mais il ne paraît, comme curé, qu'en 1726.

Dans l'acte d'accord du 17 mars 1728, il fut arrêté :

1º Que le Doyen du Chapitre et le curé auraient chacun une clef du tronc du Purgatoire qui ne serait ouvert qu'en présence de tous les deux, le syndic du Chapitre pouvant cependant remplacer le Doyen ; que l'argent recueilli servirait à faire chanter une messe, le lundi lendemain de chaque quatrième dimanche, successivement par le Doyen et chaque chanoine prêtre suivant son tour de réception. Les chanoines non prêtres ne pourraient nullement y prétendre. S'il restait de l'argent, il en serait dit des messes basses par le Doyen, les chanoines et prébendiers prêtres, chacun son tour. Les honoraires étaient fixés d'avance ;

2º Que les offrandes faites dans l'église aux grandes messes du Chapitre, les jours de solennités ou de fêtes, appartiendraient en seul au Chapitre ; mais que toutes les autres offrandes, celles qui se feraient tant dans les chapelles qu'aux sépultures et messes des morts, seraient au curé seul, quoique l'office fut fait par le chanoine en semaine lorsque le Chapitre serait prié d'y assister, à l'exclusion des offrandes faites aux sépultures et grand'messes célébrées pour les bénéficiers défunts du Chapitre et celles du Jeudi et Vendredi Saints qui devaient revenir au Chapitre avec le droit d'administrer les bénéficiers malades et d'en faire la levée du corps ;

3° Que tous les cierges portés à l'offrande de la grand'messe du Chapitre ou autres messes, le dimanche des Rameaux de chaque année, appartiendraient tous au curé et lui seraient remis par le syndic du Chapitre. Le curé Marrast se chargeait de fournir, chaque année, le luminaire et de faire tous les autres frais du monument du Jeudi Saint;

4° Que toute la cire portée aux sépultures qui se feraient à la Collégiale seulement serait également partagée entre le Chapitre ; le curé devrait appeler, préférablement à tous autres ecclésiastiques, pour la levée du corps, les chanoines ou prébendiers d'après le nombre fixé par la famille du défunt. Il devrait partager avec les chanoines et prébendiers prêtres du Chapitre tous les annuels qui lui seraient donnés par testament ou autrement, et ce, par portions égales ;

5° Que lorsque le Chapitre serait appelé pour faire la levée du corps des défunts devant être ensevelis au cimetière de St-Jean ou dans les églises des religieux, le curé y procèderait en aumusse et non autrement, mais lorsque le Chapitre en corps serait prié à une sépulture à faire dans l'église Collégiale, la levée du corps serait présidée par le chanoine en semaine chargé, en même temps, de remplacer le curé dans le cas d'absence ou de maladie ;

6° Que le curé n'aurait aucun droit d'inspection sur les confréries établies ou à établir dans l'église, n'y pourrait faire aucun office, le jour de la fête ou le lendemain ; que l'inspection en serait réservée au Chapitre et les offices au chanoine en semaine ;

7° Que les obits devaient être partagés entre les membres du Chapitre et le curé n'y participer que comme chanoine.

Une semblable transaction fut conclue, le 30 mai 1729, **entre les deux Chapitres de la Cathédrale et du Camp. La** question de leurs différends avait été portée également devant le Parlement : elle fut vidée à l'amiable par l'Evêque. Il fut convenu :

1° Que le procès pendant serait éteint, regardé comme non avenu, sans dépens pour l'une ou l'autre des parties ;

2° Que lorsque le Chapitre cathédral viendrait au Camp, il y occuperait les premières stalles et les plus honorables des deux côtés du chœur ; que le Chapitre du Camp se rangerait dans l'ordre qu'il occupait au chœur de la Cathédrale ; que les prébendiers des deux églises se placeraient au-dessous et vis-à-vis de leurs Chapitres ;

3° Que le chanoine du Chapitre cathédral officiant en l'absence de l'Evêque serait seul à donner la bénédiction au prédicateur dans l'église Collégiale lorsqu'il y aurait sermon ;

4° Qu'aux processions générales qui se faisaient, le 1ᵉʳ mai pour la délivrance de la ville, le jour du *Corpus Domini*, le jour de l'Assomption de la Vierge pour l'accomplissement du Vœu de Louis XIII, le Chapitre collégial se rendrait à la Cathédrale ainsi que dans les autres actions publiques quand il en serait requis par l'Evêque, qu'il déposerait la croix dans une chapelle de la nef la plus proche de la balustrade, sans qu'elle put être portée dans le sanctuaire ni dans le chœur en aucune occasion ;

5° Que dans les processions faites par les deux Chapitres séparément, comme aux jours des Rogations, lorsque les deux Chapitres se rencontreraient, le Chapitre collégial devait s'arrêter à une certaine distance pour laisser passer la Cathédrale et éviter toute confusion dans le chant et dans la marche ;

6° Que l'Ordonnance délibérée obtenue par le Chapitre collégial contre le Chapitre cathédral, toutes charges et informations faites contre le Corps et les particuliers de ce Chapitre et généralement tout ce qui s'en est suivi serait nul et non avenu et l'on ne pourrait s'en servir ; que ni l'un, ni l'autre Chapitre ne prétendrait aucun droit d'aller faire l'office aux Canonisations des Saints, s'il n'y était appelé ;

7° Que, lorsque le Chapitre cathédral irait, le lundi de Pâques, chanter la messe à la Collégiale, on laisserait l'autel garni, à l'exception des cierges, du pain, du vin et du calice et les cloches seraient sonnées. Enfin, la transaction devait être approuvée par la Souveraine Cour du Parlement de Toulouse.

Cette transaction fut approuvée par l'Evêque, le 13 mars 1739.

L'état d'abandon où se trouvait le cimetière de St-Jean avait été un objet de sollicitude pour Mgr de Caulet, comme nous l'avons vu dans ces deux Ordonnances de visite pastorale de 1655 et 1666. Ses prescriptions avaient dû n'être point observées puisque Mgr de Verthamon, dans une lettre adressée au clergé et aux fidèles de la paroisse du Camp, le 16 juillet 1729, se plaint d'avoir vu :

« Le cimetière de Saint-Jean sans croix, sans chapelle, sans clôture, exposé à toute sorte d'animaux comme un pâturage public, si désert et si abandonné que la plupart des fidèles auraient, pour ainsi dire, honte de reconnaître la sépulture de leurs pères ».

Il a ordonné d'en relever les murailles, y a tracé une chapelle et veut qu'on dresse une croix pour ranimer la dévotion à un lieu si saint Il exhorte les fidèles *à reconnaître et à reprendre la sépulture de leurs pères.* L'emplacement de la chapelle, l'espace compris entre la chapelle et la croix sont des lieux désormais réservés ; nul ne pourra désormais y avoir de sépulture et devra la choisir ailleurs du consentement du curé et, au besoin, on pourra exhumer les ossements et les cendres des ancêtres et leur choisir une autre place.

Revenons un moment sur nos pas, pour citer les événements principaux dont a été le théâtre la paroisse du Camp.

Le 30 juillet 1673, nous voyons les deux chapitres réunis dans l'église du Camp pour chanter le *Te Deum* d'action de grace pour la prise de Maëstrich et aller ensuite, chacun sous sa croix, allumer le feu de joie préparé aux masures du château. La première étincelle fut mise par M. Rech, prêtre, chanoine de la Cathédrale et official.

C'est encore au Camp que les deux Chapitres font les *Oraisons de Quarante Heures*, le lundi 5 août 1680, pour demander à Dieu la prolongation des jours de l'Evêque, Mgr de Caulet qui mourut trois jours après.

Le 24 mai 1682, le premier consul, M. de Gargas, exposait au Conseil de Ville qu'il avait commandement de M. le Gouverneur du Pays de Foix d'ordonner aux hommes et femmes de la ville de Pamiers de se rendre aux vêpres de l'église du Camp et, le jeudi de la Fête-Dieu, à tous les habitants, petits et grands, hommes et femmes, de se rendre à la Procession et que ceux qui ne s'y rendraient pas seraient chassés ignominieusement.

Cette intervention du pouvoir civil dans l'exercice du culte s'explique par l'état de division où était la ville à cause de la *Régale* (1). Le clergé fidèle gardien des droits de l'Eglise de Pamiers souffrait la persécution et les *Réga-*

(1) La Régale était le droit qu'avait le Roi de percevoir les revenus de certains diocèses, quand le siège était vacant, et d'en conférer les bénéfices.
Louis XIV avait voulu y soumettre le diocèse de Pamiers qui en était exempt, d'où un schisme qui dura quatorze ans et donna lieu, de la part du Roi, à de nombreux excès de pouvoir.

listes seuls avaient les faveurs du Pouvoir. L'Ordonnance du Gouverneur avait sans doute pour but d'éviter une manifestation en faveur des victimes.

Sur semaine, les offices se faisaient à la Cathédrale dont la reconstruction était assez avancée ; les baptêmes, mariages, enterrements, étaient célébrés chez les Augustins. Le Chapitre récitait les Heures canoniales dans l'ancien Temple des Réformés du quartier de *Villeneuve*, plus tard *Rue des Nobles*, aujourd'hui *Rue de la Mairie*. C'est là que Mgr de Sponde était allé chanter le *Te Deum* de la délivrance après la reprise de la ville sur les Protestants, 10 mars 1628.

Ce temple qui servit longtemps d'église paroissiale, fut donné par le Roi à l'Evêque, le 12 mars 1691, pour être démoli et ses matériaux servir à la construction du nouvel Evêché. Cette démolition fut retardée de quelques années : on craignait, en y procédant, d'entraîner la ruine des maisons voisines, tant l'édifice était en mauvais état. Enfin, le 16 février 1703, Mgr de Verthamon en fit l'abandon à Alexandre Ferrier de Brassac, marchand de Pamiers, que nous voyons, à cette époque, chargé de toutes les entreprises de construction et de réparation de l'Evêché. Il devait, dans le délai d'un mois, démolir le temple et en transporter les matériaux au nouveau Palais Episcopal. En dédommagement, il gardait la propriété de l'emplacement où, dans les six premiers mois, il commencerait à construire une maison nouvelle. Elle serait tenue en emphytéose (1) perpétuelle de l'Evêque et de ses successeurs, sous la censive (2) annuelle et perpétuelle de deux paires de chapons, payables à l'Evêque et à ses successeurs, chaque fête de Ste-Cathe-

---

(1) Bail à long terme.
(2) Rente.

rine, à charge également d'en payer le *droit de lodz* (1),
à raison du denier douze, suivant l'usage du pays, et aussi
d'en payer la taille à la communauté, à proportion de l'*allivrement* (2) des maisons contiguës à la place. — Cette
maison, longtemps connue sous le nom de *Maison Brassac*,
est aujourd'hui possédée et habitée par M. le docteur Allaux.

En 1778, l'église du Camp reçut la dépouille de M. d'Usson, marquis de Bonnac et Gouverneur du Pays de Foix,
mort à Bonnac, le 1er décembre. Il était fils de Jean-Louis
d'Usson, ambassadeur à Constantinople, mort en 1738, et
père de Louis-Mathieu-Armand d'Usson, député de la noblesse aux Etats-Généraux de 1789.

Nous voici arrivés à la fin du XVIIIe siècle et à la veille
de la grande Révolution. Avant de nous demander ce que
devinrent, pendant cette période, l'église et le Chapitre du
Camp, qu'il nous soit permis de nous arrêter un moment
devant un homme dont le souvenir a survécu à tous les
orages et est demeuré populaire parmi nous.

Le 24 février 1779, à Mirepoix, Sénéchaussée de Limoux
et par devant le notaire royal et tabellion du Marquisat,
François-Marie-Jacques Ortala, chanoine et curé de la Collégiale du Camp et aussi curé de Ste-Eulalie de Lavalette,
au diocèse de Carcassonne, donnait pouvoir de résigner
entre les mains du Pape la cure du Camp en faveur du
vicaire de Lavalette, *M. Marre*. L'acte de résignation fut
reçu en présence de Me Jean-Pierre Mailhol, chanoine
théologal, sacristain et vicaire général de Mirepoix, et de
Jean Avignon, praticien, habitant de Mirepoix. Il fut approuvé à Rome aux Ides (15) de mars, contrôlé à Toulouse,

(1) Le droit de lodz était celui que l'on payait à la vente d'un
héritage « censier ».

(2) L'allivrement était le revenu net et imposable assigné par le
cadastre aux propriétés foncières.

le 13 mai, enregistré à Pamiers, au Greffe, le 28 juin. Les pièces ayant été visées par l'Evêque, le 31 mai, l'installation se fit le 1er juin dont acte contrôlé, le 14.

Marre (Claude-Marie), originaire de Mons, au diocèse de Fréjus, bachelier en l'un et l'autre droit, avait été reçu docteur à Avignon, le 24 décembre 1778. Il ne fit que passer dans la cure du Camp où il avait pour vicaires M. Font et M. Galinier. Ce dernier, de Montaut, se plaignait, un jour, à M. Verniolle, curé-archiprêtre de cette paroisse et son directeur, du peu d'entente qu'il y avait, à Pamiers, entre le curé et les vicaires et de certains procédés dont il avait à souffrir. Ce fut une occasion, pour M. Verniolle d'examiner les titres de M. Marre à la cure du Camp. Ces titres furent trouvés insuffisants, bien que le curé se fut fait recevoir licencié en droit civil et canonique à Toulouse, le 22 juin 1782. M. Verniolle se hâta d'aller impétrer la cure qui, en ce moment, était à la nomination du Chapitre.

Il vint à Pamiers, un jeudi, jour de la semaine où les vêpres étaient chantées au Camp. En dînant avec Mgr de Lévis, il lui fit part de son dessein et l'Evêque avisa M. Marre qui donna aussitôt sa démission. A l'heure de l'office, M. Verniolle se présenta à l'église tandis que M. Font confessait : c'est lui que les chanoines nommèrent curé parce qu'il avait les degrés voulus.

M. Marre obtint la cure de *St-Pierre et St-Marc d'Escosse* qui était à la nomination de l'Abbé de St-Pons de Thomières. M. Verniolle étant mort, M. Marre résigna, le 12 novembre 1784, la cure d'Escosse en faveur de Philippe Bouche, de Pamiers, vicaire à Leychert, annexe de Roquefixade, et passa à Montaut. C'est là que le trouva la la Révolution. Animé d'une foi vive et d'un zèle apostolique, il ne demanda point à l'émigration la sécurité pour une vie qu'il dépensait tout entière au salut des âmes. Parcourant le pays sous divers déguisements pour échapper aux recherches de ceux qui voulaient se saisir de lui, il administra les sacrements, soit à Montaut, soit à Pamiers. Plusieurs fois, nous avons entendu raconter les pieuses industries auxquelles il se livrait pour dépister ses persécuteurs, la téméraire audace qu'il déployait, au besoin, contre les sbires de la République, la tendre sollicitude des fidèles qui, pour le protéger, retrouvaient la vertu et la force des chrétiens de la primitive Eglise. Quand le culte fut rétabli, M. Marre fut conservé à la cure de Montaut dont il s'était montré le véritable pasteur. Il y est mort, chargé d'années et de mérites, en 1818.

La première année du passage de M. Jean-Bernard Font à la cure du Camp fut signalée par une épidémie sans précédent dans nos annales si fécondes pourtant en sinistres de cette nature. Etablie sur un sol qui n'était pas complètement assaini, avec des rues étroites dont une police trop paternelle n'assurait pas toujours la propreté, la ville de Pamiers ne manquait jamais de payer un large tribut aux maladies pestilentielles qui visitaient souvent la Province. La *Suette* de 1782 s'étendit jusqu'à Toulouse et y fit plus de quatre cents victimes. Des médecins étrangers furent appelés à Pamiers pour prendre soin des malades et l'Evêque, Mgr de Lévis, écrivit de sa propre main aux curés de son diocèse pour leur transmettre, en vue des premiers secours, les conseils que les hommes de l'art lui avaient suggérés. Pendant le printemps, six cents malades succombèrent, dans notre ville, plusieurs même subitement.

Le Conseil politique de la Ville s'émut de cette situation vis-à-vis de laquelle les moyens humains s'étaient montrés impuissants. Il songea à implorer le secours d'En Haut et, à cet effet, ses membres se réunirent, le 10 août. MM. Brassac, vicaire général, et Sarrut, prébendé du Chapitre, représentaient le clergé. Le maire, M. Subra-Villeneuve, proposa de s'engager, par vœu perpétuel, à faire, chaque année, deux processions générales à l'église Collégiale : la première, le jour de la fête de St-Roch ; l'autre, le jour de la Nativité de la Vierge ; à se préparer à la fête de St-Roch par un jeûne et s'abstenir, tout ce jour, de jeux, de danses et de divertissements.

Adhérèrent à ce vœu Ferrier de Brassac, doyen et député du Chapitre collégial ; Verdier, curé de la Cathédrale ; Font, curé du Camp ; Jean Combes, Marguillier de la *Confrérie de St-Sébastien* ; Jean Cancel et Antoine Arlé, marguillers de *St-Roch*, et le Corps de Ville en entier. M. Font fit partie de la députation qui alla soumettre le vœu à l'Evêque et demander son approbation.

Mgr de Lévis accorda, pour la première année, que le jeûne de la veille de l'Assomption servirait aussi pour l'accomplissement du vœu et qu'une procession serait faite, dans l'après-midi, le jour de Saint-Roch. Par Ordonnance épiscopale du 10 mai 1783, il régla qu'il serait fait, tous les ans, deux processions générales auxquelles seraient tenus d'assister les corps séculiers et réguliers de la ville. La première devait se faire le dimanche après le 17 mai ; la seconde, le dimanche dans l'octave de l'Assomption (1).

Le 14 décembre 1785, M. Font établit, sur un capital de 1,200 livres, une rente de 60 livres pour les pauvres de la paroisse. Le même jour, était aussi fondée une rente de 40 livres sur un capital de 800 pour le Chapitre collégial.

Lorsque, en 1789, on fit les élections pour les Etats-Généraux, le curé du Camp fut proposé pour représenter le

(1) Voir au Supplément.

Clergé en concurrence avec l'Evêque et lui fut préféré. Aux Etats, bientôt transformés en *Assemblée Nationale Constituante*, il soutint la cause de la Monarchie. Quand il la vit suffisamment compromise pour ne plus pouvoir la défendre, il devança les événements et passa en Espagne. Une *Eglise nationale* ne tarda pas à s'organiser ; son cousin, un autre Jean-Bernard Font, ancien curé de Serres, fut le premier évêque schismatique du nouveau département de l'Ariège.

Dans un projet de décret pour la circonscription des paroisses présenté à l'Assemblée Nationale par le député Gaston, en 1791, Pamiers (7,000 hab.) ne devait avoir qu'une paroisse, N.-D. du Mercadal, avec une succursale, N.-D. du Camp, et un oratoire, l'église des Augustins.

La paroisse devait avoir pour limite, au levant, le chemin conduisant à la métairie de Durfort *(sic)*, probablement du Fort. Les autres métairies, en dehors, qui dépendaient du Camp, étant rattachées aux Allemans.

Les deux églises du Mercadal et du Camp servirent d'abord au culte officiel. C'est là que se réunirent les prêtres qui avaient prêté le serment et adhéré à *l'église constitutionnelle*. Ceux au contraire qui demeuraient fidèles à l'unité catholique venaient chez les Jacobins et les Augustins et, quand on eut fermé au public ces deux églises, dans les chapelles de *Sainte-Claire* et de *Sainte-Ursule*. L'église Ste-Claire (1) fut saccagée, à son tour, le 19 mai 1793, de 10 heures à midi. On put sauver les Saintes Espèces, mais il y eut des blessés. Enfin, la dernière église où l'on put faire quelques offices paroissiaux fut celle des Cordeliers.

(1) Une partie du couvent des Clarisses ou « Minorettas » fut, en 1829, affectée aux Ecoles Chrétiennes des Frères du B. de La Salle.
L'église a été, pendant de longues années, transformée en écurie pour les chevaux de la Poste.

Fermée en vertu du décret du 20 nivose, an II (9 janvier 1794), l'église du Camp fut la première à s'ouvrir pour le clergé constitutionnel dès qu'il put se montrer. Jean-Bernard Font, le premier *évêque de l'Ariège*, étant mort à Foix en 1800, son successeur fit du Camp son église.

François-Louis Lemercier était né à Pamiers, le 28 avril 1729. Son père, Georges-Louis Lemercier de Chalonge, qualifié « directeur des affaires du Roy », était venu de Poitiers à Pamiers où il épousa, en 1727, Claire Darnaud, de la paroisse du Camp. Le premier fruit de cette union avait été Rose Lemercier, née le 11 juin 1728.

François-Louis Lemercier était prieur de Seysses au moment de la Révolution. Prenant trop exclusivement conseil de la prudence humaine, il se plaça sur le terrain des concessions et glissa facilement jusqu'au schisme. Il devint *vicaire épiscopal* de M. Font et lui succéda alors que l'église constitutionnelle était plus que jamais dépréciée. Aussi on ne l'appela jamais autrement que l'*évêque de paille* et, au lieu de la considération qui s'attache aux caractères forts, il ne recueillit que les horions des enfants *dont l'âge est sans pitié* et le mépris de la multitude.

Le dernier Doyen du Camp, Alexandre de Brassac, mourut âgé de 73 ans en juillet 1800. Les obsèques furent célébrées dans l'église des Carmes. Il fut enterré au cimetière de Saint-Jean.

C'est à ce même cimetière que fut portée, le 26 mars 1802, la dépouille de Bernard Mage, dit Père Léon, carme, mort à 86 ans dans son habitation de la rue du Pont-Neuf.

Cependant M. Font était rentré de Barcelone. Il reprit possession de sa cure du Camp et ne la garda que quelques mois. Il refusa d'adhérer au concordat et, avec deux anciens chanoines du Camp, les abbés Ville, jeune, et Gardebosc, il inaugura, à Pamiers, le schisme de la *Petite Eglise*.

Mgr Primat, Archevêque de Toulouse, étant venu à Pamiers, essaya de réconcilier l'abbé Font avec l'abbé Lemercier. Le prêtre qui avait connu l'exil refusa le baiser de l'évêque pusillanime et, reprochant à l'Archevêque lui-même ses précédentes faiblesses, il osa lui demander si sa rétractation avait été complète.

M. Font vivait encore en 1821. A cette époque, retiré dans la maison Page, rue du Pont-Neuf, il refusa sa porte au Cardinal de Clermont-Tonnerre qui lui portait, au nom de l'Eglise, des paroles de réconciliation et de paix. M. Lemercier se laissa entraîner à Toulouse et y mourut.

IV

La Paroisse actuelle

Pour remplacer M. Font, l'Archevêque de Toulouse offrit la paroisse du Camp, réorganisée d'après le nouveau Concordat et désormais privée de son Chapitre, à l'abbé Jean Compans, de Dalou, ancien Lazariste, canoniste et théologien. Il refusa et fit mettre à sa place Louis-Joseph Compans, son parent, ancien chanoine de la Cathédrale, qui garda la paroisse jusqu'en 1816.

Pour jouir d'une prébende à la Cathédrale, il avait, le 18 mai 1784, résigné la cure de Saint-Martin de Ventenac avec ses annexes, Sainte-Croix et Saint-Jean du Bousquet, en faveur de Jacques Calvet de Pamiers (1), vicaire de Saint-Laurent de Verniolle. Il ne quitta le Camp que pour remplacer, au Mercadal, le vénérable M. Verdier qui en avait été déjà curé avant la Révolution. Compris dans la

(1) J. Calvet fut plus tard déporté à St-Martin de Ré où il arriva le 20 novembre 1798. Il parvint à s'évader le 23 juin 1800.

formation du Chapitre lorsque fut rétabli le siège épiscopal, il céda la cure de la Cathédrale au vénérable M. Faur et mourut en 1852, âgé de 93 ans. Il était né en 1759.

M. Compans eut pour successeur, au Camp, son vicaire M. Maury. Jean-Baptiste Maury était le second fils de Maury François, maître-tailleur, habitant de Pamiers, et de Pétronille Laurens. Son *titre clérical*, pour entrer dans les Ordres sacrés, porte la date du 26 février 1790, il était de 60 livres en garantie desquelles le père présentait deux maisons situées près de la Place au Grain et une vigne au quartier de *Pic* ou de *Peyreplantade*. Expédition de cet acte a été demandée ce qui prouve que le départ de l'Evêque et les troubles de la Révolution forcèrent Baptiste Maury à émigrer pour réaliser le dessein de sa sainte vocation. Il fut ordonné prêtre à Saragosse d'où il revint, à la fin de la Révolution, en 1799, pour exercer d'abord le saint ministère aux Allemans dont il partageait l'église avec le prêtre *intrus* Caubet. On nous a assuré qu'il avait alors des pouvoirs de vicaire général, sans doute de Mgr d'Agoult non encore démissionnaire. A cette même époque, M. Font était aussi qualifié *vicaire général* dans les lettres de Mgr Colbert de Seignelay, évêque de Rodez, un des *anti-concordataires* qui s'étaient attribué la direction de l'Eglise de France.

Lorsque la paroisse du Camp fut organisée, M. Maury y fut nommé vicaire. Il signe déjà en cette qualité en février 1802.

Le principal événement qui marqua son passage fut la mission de 1821. Elle fut annoncée, le 5 janvier, par une Lettre Pastorale de Mgr l'Archevêque de Toulouse et s'ouvrit le 14ᵉ jour du même mois. Elle eut pour principal ouvrier M. de Chièze, ancien vicaire général de Carcassonne, qui, sous des costumes d'emprunt, avait su exercer le saint ministère à Toulouse, pendant la Terreur. Les exercices en furent clôturés par la plantation solennelle d'une croix à *Milla-la-Rode* sur l'emplacement d'où le canon du prince de Condé et du duc de Montmorency avait battu la ville en brèche pendant trois jours dans le fameux siège de 1628. Cet emplacement historique terminant au couchant la berge de *Saint-Jean* a disparu par suite d'une exploitation de gravier et de sable que fait en ce lieu l'administration des Ponts et Chaussées.

Le monument commémoratif de 1821, rappela le souvenir de celui qui avait été élevé en ce lieu à la suite d'une mission donnée à la ville par les Jésuites, le 17 avril 1699. Il fut lui-même remplacé par une croix en fonte sur socle de pierre à l'occasion d'une autre mission donnée par les PP. Dominicains en 1866. Enfin, l'emplacement étant condamné à disparaître, le monument a été transporté devant l'ancienne entrée du cimetière de Saint-Jean. En 1881, un beau Christ y a été attaché comme souvenir de la dernière mission donnée par le P. Marie-Antoine, capucin.

L'année de la Mission de 1821 a laissé dans l'esprit de nos pères d'impérissables souvenirs et a été longtemps comme une *ère* pour la population de Pamiers.

Précédemment le couvent des Cordeliers, d'abord occupé par les anciens religieux, puis par les écoles primaires de M. Jeanjean, avait été acquis par les Religieuses de Notre-Dame, des filles de Jeanne de Lestonac, qui y ont établi, pour les jeunes personnes, une maison d'éducation encore en pleine prospérité.

M. Maury mourut en 1836. Il a laissé, comme curé, le souvenir d'un zèle passionné, d'une austérité de mœurs et d'une sévérité de direction qui rappellent la formation quelque peu janséniste de l'ancien clergé. Ajoutons, comme un titre honorable pour sa famille, que le frère de M. Maury avait bien mérité de notre Eglise en sauvant des impiétés révolutionnaires ce qui nous reste de notre Vierge martyre de Pamiers, Sainte Natalène.

Ces reliques, envoyées de Blesle (1), au diocèse de Saint-Flour, en 1637, avaient d'abord été confiées aux Jésuites du Collège. Après leur suppression, en 1764, elles furent portées chez les Augustins de Loumet. L'église du Camp qui les a recueillies les conserve encore pour la vénération des fidèles.

M. Paul-Augustin Bélesta, né à Ax en 1799, succéda à M. Maury. Il avait fait partie, comme directeur, maître des cérémonies et professeur d'Ecriture-Sainte, de la première organisation du Grand Séminaire en 1823. En 1829, il alla occuper la cure de Saint-Valier, seconde paroisse de Saint-Girons. En 1834 il était curé doyen de Massat. Curé du Camp pendant neuf ans, de 1836 à 1845, il se montra toujours un administrateur sage, modéré et prudent. En même temps qu'il travaillait à conserver dans la paroisse l'esprit religieux que ses prédécesseurs y avaient profondément implanté, il procurait la gloire de Dieu par l'embellissement de sa Maison. Une infirmité qui ne devait que grandir lui rendant, tous les jours, plus difficile le ministère des âmes l'obligea à la retraite. Il alla occuper, à la Cathédrale, la stalle laissée vacante par M. Jean-Baptiste Galy et la garda jusqu'à sa mort survenue le 22 juillet 1864.

Il fut remplacé, au Camp, par M. Coste (Jean-Joseph) qui, né à St-Quintin en 1808, avait d'abord été employé à Foix comme vicaire. Curé de Brassac depuis 1837, il y avait conquis non seulement l'estime mais encore l'affection de

(1) Elles y avaient été portées de Pamiers à une époque où, par le fait des guerres qui agitaient le pays, ce précieux dépôt n'était pas en sûreté chez nous.

ses paroissiens qui le virent partir avec peine et s'efforcèrent en vain de le retenir au milieu d'eux. A Pamiers, la maturité de son talent, sa piété et la dignité de sa vie lui eurent bientôt concilié tous les cœurs. Il put donner aux œuvres paroissiales un nouvel élan et obtenir de ses paroissiens des dons suffisants pour doter son église des grandes orgues qui en sont le plus bel ornement et faire refondre la grosse cloche. Il fit également placer les verrières historiées de la nef et renouveler l'ornementation de la plupart des chapelles. C'est également pendant son administration que le maître-autel en marbre blanc avec *ciborium* a été élevé. Il mourut le 20 septembre 1877.

Son successeur, M. Jérôme Sicre, était né à Mérens, le 18 septembre 1813. Ordonné prêtre, le 9 juin 1838, il fut nommé, le même jour, vicaire à Notre-Dame du Camp. Il remplissait, depuis 39 ans, ses modestes et laborieuses fonctions lorsque, en décembre 1877, il fut appelé à prendre la direction de la paroisse. M. Sicre n'était par conséquent pas un inconnu : depuis longtemps son zèle, son activité, surtout sa charité inépuisable étaient justement appréciés.

Devenu curé, il ne perdit rien de sa modestie qui, avec un fond de bonhomie se développant avec l'age, le rendait particulièrement aimable. Lorsque, après un ministère de cinquante années tout entier rempli à Notre-Dame du Camp, ses paroissiens, avec un élan tout spontané, voulurent célébrer *ses noces d'or*, les fêtes auxquelles elles donnèrent lieu furent un véritable triomphe. La ville entière s'y associa. Seul, le vénérable curé ne put que les subir : il était déjà profondément atteint par la maladie qui devait l'emporter trois mois plus tard. La journée du 27 mai vit comme le dernier rayon de soleil illuminer la vie de ce prêtre méritant qui, le 29 août, était appelé à recevoir la récompense due à ses longs et pacifiques travaux. Deux jours après, le cimetière de Saint-Jean recevait sa dépouille au milieu des larmes de ses paroissiens qu'il avait tant aimés.

Ce cimetière avait été considérablement agrandi. Le 22 octobre 1882, Mgr Rougerie en fit la bénédiction solennelle. Il prit, au nom de la Religion, possession d'une terre nouvelle où devaient reposer nos morts. Malheureusement, l'administration civile conservant le haut domaine de ce champ de repos, l'œuvre n'était pas complète : la Croix, signe d'espérance, ne put pas être érigée au-dessus des tombes et l'on dut ajourner à des temps meilleurs la construction de la nouvelle chapelle destinée à remplacer l'édifice tombant en ruines de Mgr de Verthamon.

L'agrandissement du cimetière et la mission prêchée par le Rév. P. capucin, Marie-Antoine, tels furent les deux principaux événements qui marquèrent le passage de M. Sicre comme curé. La mission, donnée en 1881, remua profondément la population de Pamiers. Elle aurait produit des fruits abondants si elle n'avait pas trouvé, dans un temps d'agitations politiques, les esprits distraits par des préoccupations étrangères de l'œuvre importante du salut. Un Christ en fonte, attaché au monument commémoratif de la mission du P. Henrion, consacra, avons-nous dit ailleurs, le souvenir de ce grand événement.

L'association des *Mères Chrétiennes et de la Sainte Face* avait été établie dans la paroisse pour entretenir et augmenter la piété et servir de contre-poids aux tentatives hostiles des *Sociétés secrètes* et de la *Libre Pensée*.

Le vide produit par la mort de M. Sicre fut comblé peu de jours après. Le 23 septembre, la paroisse assistait à l'installation de son nouveau Pasteur. M. l'abbé François Laffargue, né à Mazères en 1835, aumônier depuis dix-huit ans des religieuses de *Notre-Dame,* précédemment vicaire à Saurat et directeur au Petit-Séminaire, prêtre pieux, zélé et instruit, a permis, dès le premier jour, de bien augurer de son ministère. Il promet de continuer la série des saints prêtres qui ont fait de la paroisse de Notre-Dame du Camp une des premières pour la fécondité des œuvres et les manifestations de la Foi.

V

L'esprit religieux à Notre-Dame du Camp

Après avoir fait le résumé historique des principaux événements qui ont marqué le passé de notre Paroisse, il nous paraît convenable de consacrer quelques lignes à exposer son esprit religieux, ses cérémonies et son culte.

Avec ses huit mille fidèles, Notre-Dame du Camp est, de toutes les églises de la ville, celle qui réunit le plus grand nombre d'adorateurs : grace au zèle d'un clergé qui, insuffisant pour le nombre, trouve encore moyen de se multiplier, le sacrifice Eucharistique y est célébré à toutes les heures de la matinée, la participation au Corps de Notre Seigneur y est fréquente et la prière, on peut le dire, n'y est jamais interrompue.

La journée du jeudi conserve encore des vestiges du culte particulier rendu par les anciens chanoines à la Divine Eucharistie. La confrérie du *Saint-Sacrement* est convoquée à la messe de huit heures et l'*adoration* se poursuit jusqu'à la bénédiction solennelle du soir fondée par la pieuse libéralité de M. de Fraxine.

Le dimanche de l'Octave de la Fête-Dieu est, pour la paroisse, un jour de grande manifestatation religieuse. A moins que la liberté du culte extérieur ne soit suspendue, le Très Saint-Sacrement est porté en triomphe dans les principales rues de la paroisse. La procession qui lui fait cortège fait station à de riches reposoirs pour y recevoir une bénédiction particulière. L'enthousiasme est général. **Les fidèles de Notre-Dame, solidaires de leurs aïeux, témoignent que la dévotion au Saint-Sacrement est, pour eux, plusieurs fois séculaire.**

Cette procession du *Corpus Domini* était répétée, avec une solennité moindre, le jour de Saint-Jean-Baptiste. C'est la Fête de notre cimetière qui devient alors un lieu de pèlerinage. Comme *Champ du repos*, il remonte à une très haute antiquité et a même servi de nécropole païenne: ce fut, croit-on, pour les premiers chrétiens, un cimetière régional. Toujours est-il que de nombreuses générations y dorment en attendant le réveil de la Résurrection. Nos pères avaient pour ce lieu une dévotion particulière. Lorsqu'arrivait la fête du Saint Patron, on dressait autour du mur de clôture des tentes ; des confessionnaux étaient improvisés et les fidèles passaient du Saint Tribunal à la Table Eucharistique dans la chapelle même du cimetière où le Sacrifice n'était pas interrompu. Pendant tout le jour, on vivait au milieu des tombes et l'on y prenait de fraternelles agapes. Le soir, le Saint-Sacrement qui était demeuré exposé dans la chapelle, était rapporté à la paroisse dans une procession solennelle. Aujourd'hui, on ne monte plus au cimetière que pour y entendre la messe, ce dont les chrétiens les plus indifférents en apparence se font un devoir, et pour y recevoir la Sainte Communion dont les âmes seulement pieuses n'osent point se dispenser. La journée se passe à visiter les tombes des chers défunts qu'une main pieuse a couvertes de fleurs et embellies ; enfin, le soir, la procession traditionnelle se déroule dans les rues de la ville et la paroisse fait à nos morts sa visite officielle.

Une dévotion également populaire est celle de notre Sainte de Pamiers, *Natalène*. Sa légende se perd dans la nuit des temps. Elle a dû arroser de son sang la terre qui l'avait vu naître lorsque la foi chrétienne était encore nouvelle à Pamiers. La fontaine, qui porte son nom, au pied de la berge de Saint-Jean, est le lieu réputé de son martyre et l'on a de bonne heure attribué à ses eaux une vertu miraculeuse. Cette fontaine n'était d'abord qu'un bassin en contre-bas de ce que l'on a longtemps appelé les *prairies de la ville* ; l'eau y était peu abondante et, sur la pierre qui en faisait le fond, on montrait quelques taches rouges que l'on disait être le sang de la Sainte. Souvent une chrétienne y descendait, s'agenouillait et priait après s'être signée avec l'eau miraculeuse, puis remplissait un modeste vase et accourait auprès d'un malade qui attendait de cette eau la guérison et la vie. Aujourd'hui que la fontaine a été relevée et mise en évidence, bien qu'elle coule en jets plus abondants, elle inspire moins la piété. La dévotion est comme ces fleurs dont le parfum est d'autant plus suave qu'elles sont plus cachées aux regards. La chapelle de Sainte Natalène, dans l'église paroissiale, est aujourd'hui le centre principal de la dévotion. D'après une vieille tradition, c'est là qu'elle aurait portée sa tête après avoir renouvellé le miracle de Saint Denis. On y trouve quelques-unes de ces reliques qui nous sont revenues de Blesle, en Auvergne, après un exil de plusieurs siècles. Deux jours dans l'année, le troisième dimanche de septembre, fête des Saintes Reliques, et le 12 novembre, fête de Sainte Natalène, cette chapelle réunit la multitude des fidèles, nombreuses y sont les manifestations de la foi (1).

(1) Avec les reliques de Ste Natalène, on vénère aussi celles des SS. Germain, Magne, Prime, Lauréat et de Ste Eugénie.

A côté de cette chapelle et contre un des piliers de l'église, est un autel minuscule dédié à *Notre-Dame de Lourdes.* Il semble, à certains jours et principalement pendant les grands pèlerinages, être une succursale de l'illustre Basilique.

La chapelle de la Vierge, ornée d'un tableau de Latour représentant *la Mère de Dieu tenant son divin enfant* vient après. Elle est encore très fréquentée.

C'est qu'avec le culte particulier rendu au Très Saint-Sacrement, la dévotion à la Très Sainte Vierge est une des caractéristiques de la paroisse. Comme aux temps des anciens chanoines, les moindres fêtes en sont célébrées par un office chanté. La fête patronale, l'*Assomption de Marie*, n'a jamais été troublée par des divertissements profanes. Nos pères, qui savaient se réjouir, se réservaient pour le lendemain, jour consacré à *Saint-Roch.*

Les absents accouraient alors pour s'asseoir au foyer domestique et les familles se complétaient. En dehors de toutes les préoccupations politiques qui divisent ordinairement les hommes et les rendent rarement meilleurs, on se reprenait pendant quelques instants à vivre de la vie commune, à resserrer les liens d'affection réciproque fondés dans le sang qui commandent le dévouement et que rien ne devrait rompre.

Le matin de ce jour, la Confrérie de Saint-Roch faisait sa procession annuelle et allait stationner à l'ancien hospice de *Notre-Dame de la Guaride*, aujourd'hui de Saint-Vincent de Paul. Mais le saint n'était pas seulement invoqué à cette occasion : on ne manquait jamais, dans les malheurs publics, pestes, épidémies, inclémence des saisons, de recourir à son intercession puissante. Aujourd'hui, il semble **que l'on attend moins de Dieu que de la science : au lieu** de prier les saints, on interroge les savants qui souvent se taisent ou ne rendent que des oracles menteurs. Seules les âmes droites et simplement chrétiennes continuent à regarder Dieu comme le Souverain Dispensateur des biens qu'il nous prodigue et des maux que sa Providence fait toujours servir à nous rendre plus vertueux : pour ces âmes St-Roch est encore l'intermédiaire le plus souvent invoqué.

Une autre protectrice que l'on se plaît aussi à prier est *Sainte Germaine*. Son autel, dans ces derniers temps, a été placé dans la chapelle des Fonts Baptismaux. A côté et contre le pilier qui fait face à *Notre-Dame de Lourdes* un autel également de petite dimension a été consacré à *Sainte Anne*. C'est au pied de l'Aïeule, selon la chair, de Notre-Seigneur que les Mères chrétiennes viennent demander des graces pour réaliser l'œuvre particulièrement difficile aujourd'hui de bien diriger la famille et d'élever saintement les enfants.

Les autres patrons secondaires de la paroisse : *Saint Joseph* dont le culte grandit tous les jours, *Saint Louis*, *Sainte Luce* ne sont pas également oubliés et leurs chapelles, aux jours de fête qui leur sont consacrés, décorées des ornements les plus beaux, resplendissant des plus vives lumières, témoignent et de la dévotion qu'inspire le Saint et de la reconnaissance des fidèles pour les graces qu'il leur procure.

Seuls, les anciens patrons de la paroisse et de la ville ont vu leur souvenir se perdre. Natifs d'Eumène, sur l'Hermus, *Caius et Alexandre* étaient morts pour la foi, vers le milieu du 2e siècle, à Apamée de Phrygie. Leurs reliques furent portées à Pamiers et déposées dans l'église de Notre-Dame du Camp par le Comte de Foix revenant de la première Croisade. Pieusement conservées jusqu'au jour où elles furent brûlées par les protestants avec les reliques de Saint Antonin, elles furent, pendant des siècles, l'objet d'un culte spécial. Cependant les Saints Martyrs ne cessèrent point de protéger la ville et c'est le jour de leur fête, le 10 mars 1628, qu'elle fut définitivement reprise sur les Hunots. Il nous souvient encore d'avoir vu rendre un culte public à ces deux Saints. Espérons que cet abandon, excusé en partie par les exigences du culte en présence des manifestations nouvelles de la foi, ne les empêchera pas de nous continuer, du ciel, leur puissante protection.

Les curieux investigateurs du passé nous demanderont peut-être quel était le sceau capitulaire de l'ancienne Collégiale. Les chanoines du Camp avaient pour armes : *d'azur, à l'Assomption de Notre-Dame d'or ayant sous ses pieds un croissant d'argent.* (Armorial mss. dressé en vertu de l'Edit de 1696. — Bibl. nat.) Le sceau paroissial actuel rappelle, dans ses principales lignes, cet ancien blason.

Comme fin de ce modeste travail, nous donnons, en **Supplément** les Règlements de l'ancien Chapitre qui ont dû être rédigés vers la fin du XVIIe siècle, et le Vœu de la Ville à la suite de l'épidémie de 1782.

SUPPLÉMENT

Règlements pour le Chapitre Collégial de Pamiers

TITRE PREMIER
De l'élection du Doyen.

I. Dès que le Doyenné sera vacant, le plus ancien chanoine du Chapitre avertira tous les chanoines chapitulans qui se trouveront dans le diocèse et non les autres qui seront plus loing, leur marquant un jour et une heure précise pour s'assembler et procéder à l'élection du nouveau Doyen, et leur recommandant de prier cependant beaucoup Dieu pour ce choix.

II. Le jour et l'heure estant venus si l'ancien Doyen a fait demission entre les mains du Chapitre, on l'acceptera premièrement s'il n'y a quelque juste subjet d'ans differer l'acceptation : et l'on procèdera sur le champ à l'election suivant la forme prescripte par le Chapitre *quia propter de elect.* et par la pragmatique sanction tit. *de elect.* ou si l'on juge devoir différer encore pour quelque temps, l'on conviendra du jour et de l'heure. Le lieu sera toujours celui des assemblées capitulaires.

III. Avant de procéder à l'élection, le plus ancien chanoine célèbrera la messe de Saint-Esprit à laquelle tout le Chapitre assistera pour demander à Dieu la grâce de faire un bon choix. Tous ceux qui n'auront pas dit ce jour la messe pour la mesme fin y communieront à peine pour les capitulans d'estre privés de voix active et passive et pour les autres d'estre appointés comme absents un jour entier.

IV. Après la messe, on dira l'hymne *Veni Creator*

spiritus avec le verset et l'oraison du Saint-Esprit.

V. Chascuns en particulier escrira le nom, surnom, diocèse et qualités de celuy qu'il choisira et les trois plus anciens du Chapitre recueileront et visiteront les suffrages des autres avec les leurs et les ayant comptés nommeront publiquement celuy qui aura eu plus de suffrages qui demeurera eslu par ce moyen·

VI. Il sera fait un verbal de l'élection contenant le jour, l'heure de l'élection, le nom des électeurs, ce qui se sera passé de remarquable, le nom, surnom, diocèse et qualités de celuy qui aura este eslu.

VII. On donnera titre de l'élection à celuy qui aura este eslu afin que s'il accepte il demande au plus tôt la confirmation.

VIII. Le Doyen ayant este confirmé et ayant pris possession, il se présentera au Chapitre assemblé prestera le serment accoustumé et tous le salueront et reconnoistront pour Doyen.

De la présentation ans Canonicats et autres bénéfices et de la collation des prébendes.

TITRE SECOND

1. Quand quelque bénéficier du corps voudra faire démission de son bénéfice entre les mains du Chapitre assemblé le Chapitre la pourra accepter et le secrétaire en retiendra l'acte : mais il faudra appeler deux témoins qui ne soient pas des alliés ni domestiques des personnes du corps et qui signent la démission avec le résignant les capitulaires et le secrétaire. Si la démission est faite hors de l'assemblée elle sera retenue par un notaire apostolique, épiscopal ou royal en présence des deux témoins de la qualité cy-dessus.

II. Si le résignant ou autre remet la démission entre les mains de quelque particulier celuy qui s'en sera chargé la présentera à la première assemblée si elle doit se tenir bientôt ; sinon il en advertira le Doyen, et en son absence le plus ancien chanoine pour faire assembler le Chapitre.

III. Dès que la démission sera présentée le Chapitre l'acceptera et pourvoira en la mesme séance au bénéfice vacant si pour des raisons particulières il n'est expédient d'en différer la provision soit pour faire un meilleur choix ou pour quelque autre subject auquel cas le délai ne pourra être plus long que de trois jours afin que le service divin ne soit pas diminué par le retardement.

IV. La délibération estant prise d'une commune voix ou par pluralité de suffrage le secrétaire expédiera le titre sçavoir de collation pour les prébendes et de présentation pour les autres bénéfices desquels titres sera fait un registre particulier qui sera conservé avec les autres archives.

V. Lorsque le provendé du corps voudra estre receu *in fratrem* il représentera tous ses titres sçavoir l'acte d'élection et de confirmation si c'est le Doyen, l'acte de collation *pleno jure* si c'est un prébendier, l'acte de présentation et celui d'institution si c'est un chanoine ou autre bénéficier. Que si la provision a esté donnée en Cour de Rome le provendé présentera la bulle ou signature avec le *visa* de l'Ordinaire, du Métropolitain ou autre supérieur de l'ordre hiérarchique à moins que l'exécution en fut commise expressément à quelqu'autre par Sa Sainteté et en tous les cas susdits le provendé produira encore l'acte de sa mise en possession.

VI. Le provendé après avoir présenté ses titres se retirera, et le Chapitre délibèrera sur sa réception : et s'il n'y a point d'empeschement le provendé sera receu *in fratrem per ausculum socium* et mis à la pointe dont sera retenu acte par le greffier.

VII. Si on reconnaissoit quelque deffaut essentiel dans les titres, par exemple si le *visa* avoit esté donné par autre que par l'Ordinaire ou par son supérieur dans l'ordre hyerarchique on différeroit la réception jusqu'à ce que on en eut donné advis au sieur provendé et consulté le seigneur evesque.

Des Offices divins.

TITRE TROISIÈME

I. On observera exactement tous les offices marqués dans la table dressée pour cette fin aux jours qu'ils echerront. Que si les jours marqués pour le service de quelque obit se trouvoient occupés par quelque fête chaumable on advencera le service au jour précédent.

II. Pendant que le Chapitre cathédral fera l'office dans l'église Collégiale le Chapitre collégial faira avec luy tout ce qu'il pourra et se conformera à ses heures, chants et cérémonies.

III. Après que le Chapitre cathédral se sera retiré les dimanches et jours de festes dès que on aura sonné à la Cathédrale le premier de la grand'messe et des vespres on sonnera à la Collégiale le dernier pendant deux ou trois *miserere* après quoy on commencera sans aucun retardement et celuy qui faira l'office sera obligé à peine d'estre pointé comme absent à cette heure de se trouver prest à commencer.

IV. Celuy qui devra célébrer la grand'messe et ceux qui l'assisteront se trouveront à l'autel pour commencer la messe ou la procession immédiatement après la petite heure qui la précèdera pour ne pas ennuyer et dégouster le peuple par le retardement sous mesme peine. Ce pourquoy ils seront dispensés d'assister à la petite heure qui précèdera et à celle qui suivra immédiatement. Les jours de travail on sera fidèle à commencer la messe aussitôt qu'on aura sonné le dernier.

V. On retardera la messe de demy heure en Caresme lorsqu'il y aura sermon à la Collégiale.

VI. La messe des obits se dira à huit heures en tout temps si ce n'est que s'en rencontrant plusieurs au mesme jour on convient, le dimanche avant, d'anticiper l'heure.

VII. Le sacristain affichera toutes les semaines à la sacristie un billet contenant les offices qu'il faut faire la semaine suivante et marquant le chanoine qui en sera chargé advertissant aussy s'il y a quelque chose extraordinaire ou quelque changement dans les heures accoutumées.

VIII. On suivra les rubriques et on observera les cérémonies marquées dans le bréviaire, dans le missel romain et dans le cérémonial des evesques et pour les points qui n'y sont pas marqués clairement on se conformera à l'usage de la Cathédrale. On tachera surtout d'estre uniforme dans les postures et autres cérémonies.

IX. On chantera les hymnes, reponds et autres choses suivant la note des livres du Chapitre, faisant la différence dans le chant suivant la différence des solennités, en sorte néantmoins que le chant soit toujours grave et décent et qu'on garde les poses du milieu et de la fin.

X. On observera une modestie exemplaire à l'autel et dans le chœur. On n'y parlera jamais que par nécessité à voix basse et pour dire des choses qui regardent l'office. On aura soing aussy de garder la modestie et le silence dans la sacristie pour le respect du lieu qui est saint, pour la proximité du St-Sacrement et pour ne pas interrompre ceux qui se préparent pour aller dire la messe ou qui font leurs actions de graces.

XI. Messieurs les prestres seront priés de convenir entre eux de l'heure certaine que un chascun devra dire sa messe basse pour la commodité du peuple autant que les emplois et les occupations d'un chascun pourront permettre faisant en sorte qu'il y ait une messe basse après le prone de la messe de paroisse de mesme aussi après la messe solennelle des jours de feste.

XII. Quand Monseigneur l'Evesque faira sçavoir au Chapitre qu'il veut assister aux offices, on ira en corps le prendre en son palais épiscopal et on le reconduira conformément au cérémonial des evesques que s'il sort avant la fin des offices on l'accompagnera en plus grand nombre qu'on pourra sans que le chœur soit obligé de discontinuer l'office.

Règle pour le Pointeur.

TITRE QUATRIESME

I. Le pointeur aura un cayer dont il destinera un feuillet ou deux pour marquer séparément les absences de chaqu'un des bénéficiers qui serviront la plus grande partie de l'année et la présence de ceux qui seront absents la plupart du temps. C'est pourquoy ceux qui viendront à dessein de servir et ceux qui voudront s'absenter pour longtemps l'en adviseront par avance ou le plus tôt qu'ils pourront.

II. Il distinguera clerement chaque mois et laissera un peu d'espace à la fin de chaqu'un afin de y marquer à quoy monteront les absences faites durant le mois selon qu'elles seront arrestées en Chapitre..

III. Il pointera comme absents ceux qui ne seront pas dans le chœur lorsqu'on chantera l'espitre à la messe, le *Gloria Patri* du *Venite exultemus* à Matines, le premier verset du premier psaulme des autres heures, comme aussi ceux qui en sortiront avant la bénédiction pour la messe, ou avant la bénédiction pour l'office conformément à l'Ordonnance du 17ᵉ jour du mois de juillet mil six cent soixante-six et à l'acte d'érection du Collège.

IV. Lorsque le pointeur ne pourra pas se rendre au chœur comme lorsqu'il officiera à l'autel et lorsqu'il sera obligé de sortir avant la fin des offices, il priera quelqu'un de suppléer à son deffaux.

V. Il faira la pointe immédiatement après l'office pour ne rien oublier et la présentera au Doyen, ou en son absence au plus ancien chanoine pour la vérifier et la signer. Il la présentera encore au Chapitre dans la première assemblée de chaque mois afin qu'on l'examine et qu'on l'arreste : ce qui se faira en cette sorte

Règlements pour arester la Pointe.

TITRE CINQUIESME

I. Le premier jour de chaque mois qu'on s'assemblera capitulairement tous les bénéficiers seront tenus de venir dire les raisons de leur absence s'ils en ont quelqu'une pour le mois précédent : sur le fait desquelles excuses on croyra ordinairement à leur parolle pour un mois ou deux au plus : ce qui n'empeschera pas si on en doute à cause des absences trop fréquentes où pour quelqu'autre subject on s'en puisse informer. Mais on ne recevra point d'excuse du tout après trois mois, si elles n'ont esté auparavant dénoncées au Chapitre.

II. On lira les absences de chaçun par ordre, en commençant par M. le Doyen, et après la lecture entière ou mesme après la troisième lecture de chaque article, il dira ses raisons s'il en a. Si les raisons sont évidemment pertinentes, on les admettra d'abord : mais si la justice n'en est pas évidente celuy qui les proposera sortira de l'assemblée sans qu'on prie afin qu'on les puisse examiner avec plus de liberté.

III. Dans le jugement des excuses ou causes d'absence on suivra l'ancien usage du Chapitre establi sur la disposition expresse de la fondation du Collège très conforme à l'esprit de l'Eglise qui a tousiours témoigné nommement dans le Conc. de Trente sess. 21 de *reform.* chap. 3. et sess. 22. chap. 3. souhaitter que ceux qui ne servent pas actuellement leurs bénéfices n'ayent aucune part aux fruits et revenus, c'est pourquoy tous les fruits seront considérés comme des distributions quotidiennes desquelles ceux qui sont absents ne doivent rien prendre du tout, si ce n'est dans le cas de droit qui sont deux seulement, sçavoir l'estat de maladie ou de la convalescence ou autre nécessité corporelle. Can. *Clericus victum*, dist. 92 et c. 1 de *clerico œgro* tant. et cap. unico *de clericis non residentibus* in 6. et l'occupation actuelle aux affaires du Chapitre ainsi qu'il est porté par le chapitre unique *de cleric. non resid.* desjà cité et par les termes de l'érection en Collégiale qui sont ceux-cy : *Si eos vel eorum aliquem horis quibus divinum officium fiet et celebrabitur ab ecclesia prædicta aliter quam pro ipsius ecclesiæ negotiis abesse contigerit, nihil penitus de fructibus et proventibus dictæ ecclesiæ pro rata horæ vel temporiæ absentiæ hujusmodi absentiæ percipiant.*

IV. On donnera la présence aux convalescents qui auront besoin de changer d'air pour quelque temps ou d'aller prendre ailleurs des remèdes, par exemple des eaux minérales pourvu qu'ils le demandent auparavant et qu'en le demandant, ils produisent le certificat du medecin touchant le besoin qu'ils en auront.

V. Si la personne malade ou convalescente n'avoit pas accoustumé d'assister en chœur, en sorte que la maladie ou estat de convalescence ne soit pas la véritable cause de son absence, on ne y aura nul esgard suivant l'esprit de l'église et le sentiment des docteurs, nommément de Saint Antonin 3 part. tit. 25 c. 1. § 14.

VI. Quant aux affaires pour l'expédition desquelles l'absence sera cause légitime, elles sont spirituelles comme de confesser dans la propre église suivant le Concile de Trente sess. 21 *de reform.* c. 8, la préparation pour y prescher le mesme jour comme l'on peut inférer de la pragm. sanct. et du concordat tit. *de collationibus SS. stationum* du Conc. de Trente sess. 5 *de reform.* et du chapitre *super specula de magistris*, dire la messe pour la commodité du peuple et non pour la sienne, suivant le Concile de Milan tit. *de distribuoibus*, servir l'evesque dans la propre église, exhorter un malade et autres regardant le Chapitre ou la paroisse dont il est curé : ou ces affaires sont temporelles comme les sollicitations d'un procès prest à juger, l'accord et transaction sur quelque différent et autres occupations qui reviennent au profit du Chapitre. Or afin qu'on ait esgard, il faudra premièrement qu'elles aient esté entreprises par ordre du Chapitre, 2° qu'on n'ait pas este suffisamment payé d'ailleurs on n'entend néantmoins par le prt. art. faire aucun préjudice non plus que donner quelqu'advantage à celuy qui seroit chargé de la paroisse en titre.

VII. Que si l'on est contraint de se despartir des termes

de la fondation soit parce que le droit répute présens au chœur pour la grosse ceux qui sont occupés ou aux estudes nécessaires C. *Super specula de magistris* Conc. de Trente sess. S. *de reform. C. 1. et alibi*, ou au service de l'evesque de *can. et cap. ex parte*, et cap. *cum dilectis*, et cap. *ad audientiam de clericis non residentibus*; soit parce qu'on est contraint par les juges séculiers à donner les revenus à des personnes qu'on ne croit pas bien pourvues, on ne donnera au moins jamais aux absents que les deux tiers des fruits retenant l'autre tiers pour les distributions quotidiennes ainsy qu'il est porté par la plus part des textes qui viennent d'estre cités et ainsy on marquera le tiers de leur absence quand on arrestera la pointe. On ne leur donnera rien du tout pour les obits, dont le Chapitre est payé, desquels la rétribution sera partagée entre les présens, à l'exclusion de tout autre, hormis des malades et des convalescents et des absents pour les affaires du Chapitre. Quant aux messes qu'on dit toutes les semaines pour les bienfaiteurs du Chapitre qu'on ignore ou dont on n'est point payé on y sera pointé de la manière qu'on l'est dans les autres offices.

VIII. On priera monseigneur l'Evesque d'avoir esgard du petit nombre de ceux qui servent actuellement et d'ailleurs à la pauvreté du Chapitre afin qu'il n'occupe personne du corps pendant les heures des offices et que s'il le fait il agrée qu'on observe à leur esgard la même règle pour la pointe qu'on observe à l'esgard de tous les autres puisqu'il ne diminue jamais les appointements des officiers en considération du droit que les chanoines qui sont à son service ont d'estre censés présens pour la grosse lorsqu'ils le servent et de souffrir au moins qu'on agisse de la sorte à l'esgard de ceux qui ne demeurent pas ordinairement dans la ville et auprès de sa personne ainsy qu'on est à l'esgard du Doyen d'àprésent qui n'a pas esté censé présent pendant qu'il a demeuré à Sabart pour la conduite du diocèse.

IX. Le Chapitre examinera fort exactement les longues absences pour empêcher que personne ne s'absente sans des prétextes du droit. Ainsi quand quelqu'un demandera la présence pour aller estudier, on considèrera si le nombre de ceux qui servent actuellement suffit pour faire les offices et si ce nombre n'est au moins de huit qui est la moitié du Chapitre, on différera de la luy accorder conformément à la decretale *Cum ad hoc: De clericis non resident*. Ensuite on députera quelqu'un du corps pour l'examiner avant son départ et de même à son retour afin de payer s'il s'est appliqué sérieusement de quoy on ne se rapportera plus à des attestations qui sont souvent extorquées par importunité, ou obtenues par surprise mais au progrès qu'il aura fait selon la portée de son esprit, on n'accordera non plus la présence que pour aller estudier à des sciences utiles ou nécessaires qu'on ne pourrait apprendre commodément dans la ville conformément à la decretale *Quœ fraternitati de cleric. non resid.*

X. Comme la présence au chœur est inutile si on n'y chante ainsy qu'il est ordonné par le dernier canon de la *dist.* 92 et qu'elle est mesme pernicieuse si on n'assiste pas aux offices avec respect et avec dévotion ainsy que les conciles et les papes l'ont prescrit, si ceux qu'on recevra dans le corps ne sçavoit pas le plein chant, on leur donnera six mois pour l'apprendre après lesquels ils seront pointés comme absents jusqu'à ce qu'ils en soient suffisamment instruits conformément à l'ordonnance de visite de 1652. On usera de la mesme peine ou d'une plus grande s'il est besoin à l'esgard de ceux qui ne se comporteront pas comme il faut dans le chœur après en avoir esté advertis, suivant la pragmatique sanction : *Quando divinum officium sit celebrandum.*

XI. La messe solennelle, Laudes, Vespres, les processions de Saint Marc, des Rogations, de la délivrance de la ville, de la Feste-Dieu, et de l'Assomption de Notre-Dame seront considérées pour une grande heure chaqu'une. Matines, l'office qu'on fait les trois derniers matins de la Semaine Sainte y comprenant la messe, celuy qu'on fait le matin de la veille de Pentecôte avec la messe seront countés pour deux grandes heures, Prime, Tierce, Sexte, None, Complies les processions ordinaires et vespres des morts pour une petite heure chaqu'une.

XII. Trois petites heures seront comptées pour une grande suivant l'Ordonnance du saisième juin 1666 art. 6, trois grandes heures faisant le jour capitulaire parce que le service le plus ordinaire que le Chapitre fait compte de la messe qui est une grande heure, vespres qui sont une autre grande heure, tierce et complies qui valent une autre grande heure.

XIII. Et parce que les offices que le Chapitre fait tous les ans estant supputés d'après cette valeur montent à peu près cent vingt-huit jours, l'année capitulaire sera toujours comptée sur ce pied de cent vingt-huit jours jusqu'à ce que le Chapitre recouvrant son revenu puisse augmenter son service.

XIV. Après qu'on aura ainsy supputé dans l'assemblée capitulaire, les absences de chaque bénéficier on les marquera dans l'espace que le bénéficier aura laissé pour cela à la fin du mois sur la pointe. En cette sorte les absences durant ce mois estant examinées ont été arrestées à tant de jours, à tant de grandes heures, à tant de petites; ou bien durant ce mois il n'y a point eu d'absence dont la cause n'ayt esté jugée légitime ou bien encore des absences durant ce mois on n'a compté que le tiers *in favorem studiorum*, lequel tiers monte, etc. Laquelle conclusion sera signée par le Doyen ou autre qui aura présidé à la vérification de la pointe.

Règlements pour le Thrésorier.

TITRE SIXIESME

I. On dressera un estat exact de toutes les rentes et revenus du Chapitre dans lequel on mettra 1° les articles dont on n'est ordinairement payé et dont le thrésorier doit faire les derniers bons ; 2° ceux dont on retire difficilement le payement et que l'on est obligé souvant de reprendre duquel estat on donnera une copie fidelle au thrésorier pour en faire la levée.

II. Comme la distribution des grains se fait dès que le thrésorier les a levés, au lieu que celle de l'argent est toujours reculée d'un an parce que les fermiers ne payent le prix des fermes que longtemps après la récolte. Le thrésorier en rendra compte en deux cayers séparés laissant quelque feuillet blanc à la fin pour y mettre la clausture du compte, la distribution du reliquat avec le receu que chaque bénéficier faira de sa portion.

III. Il faira deux coppies de chaqu'un des cayers de son compte s'il en veut garder un pour son instruction ou pour sa deschárge, l'autre devant estre remis dans les archives du Chapitre.

IV. Quand il rendra son compte il rangera tous les articles de la récepte et de la reprise selon qu'ils seront disposés dans l'estat afin que les auditeurs les vérifient plus facilement. Il mettra néantmoins à suitte les articles qui regarderont la mesme despense soit argent, grain ou volailles par exemple j'ay vendu du bled de telle mesterie tant, d'une telle tant de seigle, d'une telle mesterie tant, etc.

V. On distinguera par des titres différents tant dans la recepte que dans la despense ce qui appartient à l'église comme le droit d'entrée et semblables d'avec ce qui appartient au Chapitre et qui doit estre mis en distribution mettant 1° la recepte pour le Chapitre ; 2° la despense et les reprises qui répondent à cette recepte ; 3° la recepte pour l'église ; 4° la despense faite pour l'église afin que par mesgarde on ne mette en distribution quelque chose qui appartienne à l'église.

VI. Il cottera dans son compte toutes les pages en haut et les articles à la marge par un, deux, etc. Il résumera et justifiera tous les articles qui auront besoing de lettre aussi bien dans la recepte que dans les despenses et reprises comme si on acquitte quelque chose à quelque métayer en considération de la grelle, il dira qu'il baille en reprise tant de bled qui a esté quitte à tel métayer en considération de la grelle suivant l'estimation de tels et tels experts dont il produira la relation aussi bien que les autres preuves justificatives les cottant par nombre suivant des articles auxquels elles répondent.

VII. Les articles de la recepte seront vérifiés sur l'estat pour les revenus fixes et sur dire sommaire des contrats signés par le notaire qui les aura rendus et par le sindic ou autre qui les aura passés pour les rentes qui seront tantôt plus grandes tantôt moindres comme les terres.

VIII. Le thrésorier ne faira aucune despense que par mandement du Chapitre lequel sera signé sçavoir si c'est pour une somme qui n'excède pas trois livres par le Doyen et par un chanoine, et en cas d'absence du Doyen par deux cha noines, l'un desquels soit le sindic. Jusques à dix par le Doyen et deux chanoines ou par trois chanoines entre lesquels soit le sindic. Si c'est pour une somme qui excède dix livres le mandement sera fait en chapitre ce qui y sera exprimé et sera signé au moins par trois comme dessus. Si les mandements ne sont pas faits en cette manière il ne seront point aloués au trésorier, sauf son recours contre ceux qui les auront tirés ; il ne luy seront non plus aloués s'il n'en produit la quittance au bas.

Règlements pour les Auditeurs des Comptes.

TITRE SEPTIESME

I. La première chose que les auditeurs des comptes fairont sera de calculer le temps de la présence ou absence de chaque bénéficier durant toute l'année c'est-à-dire depuis le mois de septembre d'une année jusqu'au mois de septembre de la suivante selon qu'il aura esté arresté après chaque mois dans la pointe, puis supputer le service de tous ensemble réduisant et adjustant à la valeur du service des chanoines celuy du Doyen qui vaut davantage et celuy des prébendiers qui vaut moins, en cette sorte monsieur le Doyen a servi cette année tant de jours qui valent une portion canonicale et demye ou qui valent tant de jours canonicaux, monsieur tel prébendier a servi l'année entière et ainsy doit avoir demye portion canonicale, monsieur tel chanoine a la portion entière ou bien moins deux jours qui sont un quart de portion etc., tout lequel service monte à tant de partions canonicalles un cart de portion et tant de jours ou bien monte en tout tant de jours. Dans ce calcul les auditeurs retrancheront du temps de l'absence de ceux qui auront servi plus de six mois de l'année six jours capitulaires pour les vacances c'est-à-dire trois jours canonicaux pour les prébendiers, six pour les chanoines, etc., à proportion de la valeur du service.

II. Les auditeurs procèderont ensuite à la visite des comptes et fairont quatre choses sur et chaque article 1º ils les examineront et les vérifieront sçavoir pour la recepte sur l'estat ou sur le sommaire des contrats, pour la despense sur les mandements qui devront estre faits en la forme marquée au titre précédent, pour les reprises sur les actes de diligence ou autres selon la cause pour laquelle le Chapitre les doivent reprendre; 2º ils marqueront à la marge tant dans la coppie que le thrésorier doit garder pour sa descharge que dans celle qu'il doit donner au Chapitre les jugements qu'ils en auront formé par exemple vérifié sur lesta aloüe sur le mandement et la quittance, néantmoins veu que cela ne regarde pas le Chapitre, et a esté fait sans ordre modéré à tant, vu qu'il n'a pas esté déboursé davantage, repris sur la diligence faite par le thrésorier ou le rapport des experts et corrigeront quand il sera nécessaire le chiffre de l'article fait par le thrésorier ; 3º ils escriront de leur main à la fin de chaque page tant de la recepte que de la despense et des reprises la somme à quoy montent tous les articles quelle contient suivant la liquidation qu'ils en auront faite, encore que le thrésorier l'ait déjà fait comme il faut, et s'il y a plusieurs articles qui eussent besoing de correction ils pourroient marquer à la marge de tous la somme qu'ils contiennent pour la calculer plus facilement à la fin de la page ; 4º Ils tireront les pièces justificatives.

III. Tous les articles tant de la recepte que de la despense estant ainsy examinés, les auditeurs verront à combien monte la recepte totale, à combien la despense et les reprises et à combien le reliqua et les marqueront sur les livres du compte.

IV. Ils distribueront ensuite le reliqua calculant combien il y a pour chaque jour et combien pour chaque portion canonicale et donant à chaqu'un ce qui luy comptera selon le temps de son service vérifié sur la pointe ; par exemple à M. le Doyen pour tant de jours de service qui valent une portion canonicale et demye ou tant de jours canonicaux telle quantité de bled ou telle somme d'argent. A monsieur tel chanoine pour le service de l'année entière qui est de cent vingt-huit jours la portion canonicale entière qui est telle quantité de bled ou telle somme d'argent. Pour M. le prébendier pour soixante quatre jours de service qui valent trente-deux jours canonicaux telle quantité et telle somme etc., laissant après le tau de chaque trois ou quatre travers de doits d'espace pour le receu qui en sera fait.

V. Si le partage des grains ou de la volaille est difficile on pourra les apprécier et en faire la distribution en argent et chaqu'un néantmoins prendra du grain et de la volaille en proportion de l'argent qui luy sera attribué et selon l'estimation qui en aura esté faite par exemple si la paire de chappons a esté estimée quinze sols celuy à qui on aura attribué quatre francs et demy prendra neuf chappons, celuy à qui on aura attribué vingt sols prendra une paire de chappons et cinq sols en argent qui luy seront donnés par quelqu'autre qui pour dix sols aura pris une paire de chappons ainsy du reste à proportion. Ou bien on pourra distribuer la quantité dont la distribution pourra estre juste et ronde et on laissera le reste entre les mains du thrésorier pour le vendre et rendre compte du prix avec celuy de l'autre argent qui répondra à cette année ce que l'on marquera dans la clôture afin de s'en souvenir lorsqu'il en faudra faire la distribution.

VI. Les auditeurs fairont la clôture du compte le plus

clairement qu'il leur sera possible, y rendant raison de tout ce qui pourroit faire quelque difficulté. Ils y exprimeront 1° le temps ; 2° le lieu ; 3° leur qualité et leur pouvoir ; 4° le nom du comptable ; 5° le nombre des feuilles et s'il y en a quelqu'une de barrée, ils en fairont mention ; 6° le nombre des articles et la somme à quoy ils montent tant dans la despense que dans la recepte et la reprise ; 7° le reliqua précis de chaque espèce de grain, volaille, etc., qui doit estre distribué ; 8° combien il y a en tout de service ; 9° combien il y a pour chaque jour ou au moins pour chaque portion canonicale ; 10° combien de service a chaque bénéficier et combien il luy comptent de grains, volailles et autres choses ; 11° ils signeront avec le thrésorier.

VII. Les auditeurs ne seront payés de leur droit et le thrésorier sera toujours réputé reliquataire jusques à ce que une coppie en bonne forme avec le receu que chaque bénéficier aura fait de sa portion ensemble les pièces justificatives du compte et la pointe liées ensemble ou enfermées dans le mesme sac aict esté remises dans les archives du Chapitre pour servir à l'advenir d'information après quoy le Chapitre donnera au thrésorier la descharge de son administration et ce par les mains des auditeurs qui retireront pour lors le payement de leur droit.

Règlements pour les assemblées capitulaires.

TITRE HUITIESME

I. Le Chapitre s'assemblera règlementairement au son de la cloche tous les quinze jours le lundy et l'on priera le seigneur evesque qui par son Ordonnance du 6 de janvier 1655, art. 23 et du seisiesme de juin 1666, art. 25 avoit ordonné que ce seroit le matin d'agréer que l'assemblée se fasse à une heure après midy expérience ayent fait voir que ce temps est plus propre et plus commode parce que le matin on est souvent occupé à l'église ou à la paroisse.

II. Après que le Chapitre cathédral se sera retiré de l'église collégiale, l'assemblée se faira dans la petite sacristie où l'on mettra un tableau de dévotion, des bancs et sièges convenables et bien rangés et une table pour le secrétaire.

III. Tous ceux du corps qui voudront y assister pourront mais il n'y aura que le Doyen et les chanoines constitués dans les ordres sacrés qui ayent voix délibérative : les autres pourront seulement représenter modestement ce qu'ils trouveront à propos. Ceux qui auront voix délibérative et qui résident ordinairement dans la ville devront se trouver à l'assemblée sous peine d'estre pointés pour un jour suivant les ordonnances de 1655 art. 23 et 1666 art. 7 don celuy qui présidera sera chargé en conscience d'advertir le pointeur sauf à celuy qui sera absent à proposer ses excuses si aucune il en a lorsqu'on arrestera la pointe de ce mois. L'assemblée commencera tousjours par l'hymne *Veni Creator* avec le verset et oraison et on finira par une antienne de la Sainte-Vierge selon le temps avec le verset et oraison lesquelles prières seront dites par celuy qui présidera au Chapitre.

IV. On y traitera premièrement de la célébration des divins offices, de la discipline du chœur afin de voir si on a satisfait à toutes les obligations du Chapitre, si on observe les rubriques, cérémonies, silence, modestie et choses semblables, si on a soin de la netteté et ornement de l'église, soulagement des pauvres et autres matières semblables ; 2° des affaires qui se présenteront pour le bien spirituel et corporel du Chapitre.

V. Le Doyen faira la proposition et opinera le premier, puis les chanoines selon le rang de leur réception si ils sont égaux en ordre, ou selon le rang de leur ordre si ils sont inégaux. Chacun poura néantmoins proposer après le Doyen tout ce qu'il jugera utile pour le bien spirituel ou temporel de l'église comme les déffauts qu'il aura remarqué depuis le dernier Chapitre et remèdes qu'on y pourroit apporter, le sindic surtout y rendra compte de l'esta du Chapitre.

VI. Chaqu'un opinera d'une façon libre et néantmoins respectueuse, douce et paisible, sans se fâcher ou interrompre les uns et les autres ou parler plusieurs à la fois se représentant le jugement de Dieu et opinant comme s'il étoit prest de y comparoistre et de y rendre compte de l'advis qu'il va donner. Si quelqu'un vouloit faire quelque proposition ou opiner en des termes injurieux au corps on le prieroit de ne le pas faire et s'il se opiniastroit les autres pourroient délibérer là-dessus et défandre au secrétaire de l'escrire s'ils en convenoient unanimement.

VII. La tenue de chaque Chapitre avec les délibérations qu'on y aura prises seront insérées au registre du secrétaire et signées de Nous les opinans déclarant nulles et de nulle valeur toutes les délibérations qui ne seront pas enregistrées lequel registre demeurera toujours au lieu capitulaire dans un coffre ou armoire sans qu'il puisse en estre transporté ny gardé dans la maison du secrétaire ou ailleurs sauf à en prendre des extraits en cas de besoing.

VIII. Lorsqu'il se présentera quelque affaire importante à autres jours, le Chapitre pourra s'assembler et convoqué au son de la cloche et pour une plus grande seureté on envoyra un clerc par les maisons pour faire ladite convocation on s'assemblera dans le mesme lieu capitulaire et les délibérations seront enregistrées ainsy qu'en autres jours communs et ordinaires sous peine de nullité desdites délibérations. Aux jours reglez la cloche estant sonnée, le Chapitre se tiendra soit que le Doyen soit présent ou absent et pour les chapitres extrordinaires, le Doyen les convoquera s'il est dans la ville et en son absence le sindic.

IX. Outre les chapitres particuliers il s'en tiendra deux généraux pour chaqu'un an, le premier au premier lundy après Nostre-Dame d'Aoust non empesché de feste chomable, le second l'onsiesme de mars pareillement non empesché et dureront le temps nécessaire où l'ordre s'observera comme aux particuliers. Il y sera traité des mesmes matières plus à loysir et meurement advisé des moyens pour remédier aux grands et petits désordres arrivez pendant les six mois précédents et pour procurer de plus en plus le bon ordre du chœur, le bien spirituel et temporel dudit Chapitre et des églises qui en dépendent et l'exécution des ordonnances de visite.

ÉPIDÉMIE DE 1782

I

DÉLIBÉRATION
DU CORPS DE VILLE DE PAMIERS
POUR LE VŒU PERPÉTUEL
FAIT
A L'OCCASION DE LA MALADIE ÉPIDÉMIQUE

Du 10 Août 1782.

Conseil Politique tenu dans l'Hôtel de Ville de Pamiers, le 10 Août mil sept cent quatre-vingt-deux, par devant M. Subra-Villeneuve, avocat en Parlement, maire, Président ; ont été assemblés, M. Brassac, vicaire-général de monseigneur l'Evêque ; M. Laborde, lieutenant-de-maire ; M. Robert, premier échevin ; M. Morlière, échevin ; M. Crubailhes, avocat, syndic ; M. Paulin Laborde, marchand, syndic ; M. Sarrut, prébendé du Chapitre cathédral ; M. Gailhard, conseiller ; M. Grave, conseiller ; M. Biar, avocat ; M. Darmaing, Procureur ; M. Lafage, apothicaire ; tous conseillers politiques ; M. de Charly, Procureur du Roi, étant au Parquet.

M. Subra-Villeneuve, Maire, Président, a dit : Messieurs, cette Ville a été en différens temps affligée par des maladies épidémiques : des monuments authentiques en ont conservé le souvenir. Ils rappellent en même temps la foi de nos Ancêtres qui les fit recourir promptement au Maître absolu de nos destinées : non contents de lui adresser nos plus ardentes supplications, ils érigèrent des Autels à l'honneur de S. Sébastien et de S. Roch, afin d'obtenir, par leur intercession, la cessation de leurs maux.

Il est presque impossible qu'on se soit trouvé jusqu'ici dans une situation plus triste, que celle où nous étions il y a trois mois. L'impression qu'elle a laissé dans les esprits est au-dessous de tout ce que nous pourrions en retracer.

Aux premières atteintes de la calamité que nous venons d'éprouver, la consternation publique devint si profonde que la seule crainte donnoit au mal un caractère funeste. Sa violence, ses progrès, ses ravages, se multiplièrent d'un instant à l'autre. Il n'étoit point de maison sans deuil et sans alarmes. On trembloit à la fin de chaque jour, de ne plus revoir les personnes les plus chères et au retour de la lumière ce cruel pressentiment n'étoit que trop justifié, par le nombre des mourants qui avoit augmenté, et des morts qui avoient succombé. En un mot, la Ville changea tout-à-coup de face : plus de six cents habitans furent attaqués à la fois plusieurs moururent presque subitement.

Vous nous rendrez sans doute la justice, Messieurs, que nous n'avons rien négligé de tout ce qu'on doit attendre de notre amour pour l'intérêt public. Aidés de vos lumières et de vos conseils, nous appellâmes les Médecins et les Chirurgiens les plus habiles et les plus expérimentés : leur secours a été indistinctement accordé aux riches et aux pauvres : il n'est point d'indigent qui n'ait reçu les soulagements nécessaires. La vigilance et la charité se sont signalées de toutes parts : les plus sages mesures ont fourni aux besoins des infirmes et des convalescents.

Tandis que nous nous faisions un devoir de nous rendre utiles à tout le monde, les Ministres de l'Eglise ont montré de leur côté le zèle le plus actif et le plus édifiant : ils n'ont mis aucune borne à leurs fatigues : ils n'ont plus connu ni le repos, ni le péril. Leur présence, l'onction de leurs discours, la grâce des Sacrements qu'ils administroient sans relâche ont opéré les plus salutaires effets. La consolation se répandit dans les cœurs ; et dès que l'espérance commença à renaître, la mort cessa d'immoler de nouvelles victimes.

Quelle étoit alors la commune inquiétude ? Vous en avez été témoins, Messieurs. On accouroit en foule au pied des Autels : les églises ont retenti des prières du Clergé et du Peuple : on les a arrosées des larmes de la piété : on a donné des témoignages de la plus touchante ferveur. Le Ciel a daigné les exaucer ; et nous n'avons qu'à lui rendre des actions de grâce, d'avoir arrêté le cours de la calamité.

Instruits par l'exemple de nos aïeux, dans l'extrémité où nous étions tombés, nous avons jugé que le moyen le plus propre à attendrir le Cœur du Père des Miséricordes, et l'engager à nous garantir dans la suite, ainsi que nos descendants, d'un semblable malheur étoit d'employer auprès de Lui la toute puissante faveur de la Reine des Cieux, et de St-Roch, que nous honorons depuis longtemps d'un culte spécial, et de mettre cette Ville sous leur protection : en conséquence, nous voulons nous engager, et nous vous invitons à vous engager conjointement avec nous, tant au nom de ceux qui composent aujourd'hui la Communauté, que de notre postérité, par un vœu perpétuel, de faire chaque année deux processions générales à l'église Collégiale, la première à la Fête de St-Roch, et la seconde à celle de la Nativité de la Très Sainte Vierge ; auxquelles assisteront tous les Corps Ecclésiastiques et Séculiers, qui se rendront suivant l'usage à la Cathédrale, d'où se fera la marche de la Procession : Que la veille de St-Roch on s'y disposera par un jeûne, et que durant le jour de la Fête on s'abstiendra de toute espèce de jeu et de danse afin qu'il soit uniquement consacré aux Exercices de la Religion.

L'accomplissement de ce vœu, ainsi que des circonstances dont nous souhaitons de l'accompagner, est subordonné à la ratification et permission de Monseigneur l'Evêque. Mais à cet égard nous devons espérer qu'il daignera y mettre le sceau de son autorité, d'autant plus volontiers, que nous ne faisons que nous conformer à ses pieux sentimens, en exécutant un projet qu'il avoit lui-même conçu ; il a mis par là le comble à la tendre sollicitude dont il avoit été pénétré, en ordonnant des prières solennelles dès l'origine de la maladie, et une procession générale, où, quoique plus accablé par le poids de nos afflictions que de ses infirmités, nous l'avons vu relever la confiance publique par sa présence, et annoncer la fin de nos peines, que Dieu ne pouvoit refuser aux instances réitérées d'un Pontife selon son cœur. Ce serait le lieu de vous parler des largesses qu'il a versées dans le sein des pauvres ; des secours spirituels qu'il a ménagés aux personnes de toute condition et de tout âge, de la sensibilité qu'il a montrée à la douleur commune, et à la perte que les familles ont soufferte. Mais, en nous bornant au sujet qui nous rassemble, nous pensons qu'il est à propos d'envoyer des députés à Monseigneur l'Evêque, pour lui en rendre compte, et le supplier de nous faire connaître ses intentions, afin que sur leur rapport nous puissions régler ultérieurement cet objet, en consigner sur nos Registres le motif, ainsi que la manière de l'exécuter : Sur quoi prie l'Assemblée de délibérer.

MM. l'Abbé de Monteils, Archidiacre, et Darmaing, Chanoine du Chapitre Cathédral, députés par ledit Chapitre, adhèrent en son nom au vœu proposé, et ont signé.

   L'Abbé de Monteils, Darmaing, *signés*.

M. Ferrier de Brassac, Doyen du Chapitre Collégial, député dudit Chapitre, adhère au nom dudit Chapitre au vœu proposé et a signé. Brassac, Doyen, *signé*.

M. Palmade de Fraxine, Lieutenant-Particulier-Civil, député de la Compagnie de MM. les Officiers du Présidial, adhère au nom de la Compagnie, au vœu et a signé.
Palmade de Fraxine, Lieutenant-Partic.-Civil, *signé*.

MM. Verdier et Font, Curés des églises Cathédrale et Collégiale, adhèrent au vœu proposé et ont signé.
Font, chanoine-curé, *signé*.

Jean Combes, Marguiller de la Confrairie de St-Sébastien ; Jean Cancel et Antoine Arlé, Marguillers de la Confrairie de St-Roch, adhèrent au vœu proposé. Combes a signé, Cancel et Arlé, de ce requis, ont dit ne savoir.
Combes, *signé*.

De voix unanime, le Corps de Ville, vu sa précédente délibération du treize mai dernier, les adhésions du Chapitre Cathédral, du Chapitre Collégial, des Officiers du Sénéchal, des Curés des deux Paroisses, des Marguillers des Confrairies de St-Roch et de St-Sébastien, a délibéré de former le Vœu proposé,

De plus, MM. l'Abbé de Monteils ; Font, Curé ; Palmade de Fraxine ; Subra-Villeneuve et Laborde, ont été députés auprès de Monseigneur l'Evêque, pour le prier de recevoir le Vœu, et d'en fixer l'ordre et les circonstances. Subra-Villeneuve, Maire, Président ; l'Abbé de Monteils ; Darmaing ; Brassac, Doyen ; Palmade de Fraxine, Lieutenant-Particulier-Civil, député ; Laborde, Lieutenant-de-Maire ; Robert, Echevin ; Morlière, Echevin ; Crubailhes, Syndic ; Charly, Procureur du Roi, *signés*.

MM. les Commissaires de retour, ont dit que Monseigneur l'Evêque avoit reçu avec satisfaction le Vœu fait par la Ville ; que pour cette année, le jeûne de la Fête de l'Assomption serviroit pour celui de St-Roch ; qu'il sera fait une Procession le jour de St-Roch, dans l'après-midi : Et que d'ici à la Nativité de Notre-Dame, il rendra son Ordonnance, pour fixer à l'avenir la forme du Vœu. Subra-Villeneuve, Président ; l'Abbé de Monteils ; Darmaing ; Brassac, Doyen ; Palmade de Fraxine, Lieutenant-Particulier-Civil ; Laborde, Lieutenant-de-Maire ; Robert, Echevin ; Morlière, Echevin ; Crubailhes, Syndic ; Charly, Procureur du Roi ; Gardebosc, Secrétaire. Signés au Registre d'*où le Présent a été extrait sur les réquisitions de M. le Procureur du Roi, par nous Secrétaire-Greffier de ladite Communauté de Pamiers, soussigné.*

Collationné et délivré à M. le Procureur du Roi, le dix mai mil sept cent quatre-vingt-trois.

Gardebosc, *Secrétaire-Greffier.*

II

MANDEMENT

DE MONSEIGNEUR L'EVÊQUE

QUI AUTORISE LE VOEU

FAIT PAR LA COMMUNAUTÉ DE PAMIERS, A L'OCCASION DE LA MALADIE

QUI A AFFLIGÉ CETTE VILLE L'ANNÉE DERNIÈRE ET EN FIXE L'ORDRE

Du 10 mai 1783.

Vous n'avez pas oublié, mes Très Chers Frères, ces jours de douleur et d'effroi, où une maladie cruelle a fait de si funestes ravages, et où la mort a emporté parmi nous tant de victimes. Si quelque chose a pu nous consoler dans ce temps de calamité et d'affliction, ça été surtout la réunion de tous les esprits et de tous les cœurs, pour reconnoitre et adorer le bras du Tout-Puissant, appesanti sur nous. Nos Temples, où vous accourez en foule ont été les témoins de vos saintes résolutions. Là, l'esprit pénétré, le cœur touché, vous imploriez pour vous, et pour les victimes qui succombèrent, les miséricordes du Seigneur. Tout nous annonçoit un changement général. Dieu, qui, comme un père tendre ne nous châtie que pour nous corriger, se rendit à nos prières, en abrégeant ces jours de calamité.

Pourrons-nous nous flatter, Mes Chers Frères, que vous serez fidèles à exécuter vos promesses ? Vos mœurs seront-elles plus simples et plus pures ? Seriez-vous semblables à Israël prévaricateur (1), qui, frappé par la main de son Dieu, revenoit à lui, mais oubliant bientôt ses miséricordes, retomboit dans de nouveaux crimes ? Malheur à vous, si, reconnoissant que c'est dans la justice et dans la vérité que Dieu vous a punis, à cause de vos iniquités, vous attiriez sur vos têtes, par l'oubli de vos serments et par de nouveaux égarements, des châtiments encore plus terribles !

Vous avez voulu laisser à votre postérité un monument de votre reconnoissance envers l'Être Suprême, par un Vœu Solennel de pénitence et de piété ; il est de votre devoir de l'accomplir avec la plus grande fidélité, pour fixer sur vous et sur vos descendants la protection de la divine Providence.

En assistant donc aux deux Processions générales qui se feront à ce sujet, nous vous exhortons de le faire avec la plus grande décence, avec le recueillement et toute la dévotion possible. Tout doit vous y rappeler cette consterna-

(1) Daniel. III. 28.

tion générale, dans laquelle vous avez été plongés durant cette funeste maladie, ainsi que vos projets de mener une vie plus chrétienne et plus pénitente.

Les divertissements profanes aux jours assignés par ces Processions, en seroient une funeste profanation ; ils doivent en être totalement bannis. Ces jours étant consacrés à rendre à Dieu vos actions de grâces, et à implorer ses miséricordes, doivent être pour vous des jours de recueillement et de prière, où chacun doit s'empresser de participer dignement au Sacrement de Pénitence et d'Eucharistie.

A ces Causes, Nous ordonnons que pour l'exécution du Vœu fait par la Communauté de cette Ville, et autorisé par Nous, on fera toutes les années, à l'issue de Vêpres de notre Cathédrale, deux Processions générales, auxquelles seront tenus d'assister les Corps réguliers et séculiers de cette Ville.

La première aura lieu le premier dimanche après le 17 mai. On sortira de la Cathédrale en chantant les Litanies de la Sainte Vierge. On fera la Station dans l'église Collégiale, où on chantera l'Antienne *Sub tuum Præsidium*, avec le verset *Ora pro nobis*, et l'Oraison *Concede nos famulos*, etc. Au retour, on chantera l'Hymne *Ave Maris stella*. Après la Procession, on donnera la Bénédiction du Très Saint Sacrement dans l'église Cathédrale, qui sera précédée du *Tantum ergo*, des versets *Panem*, etc. *Ora pro nobis*, etc., et *Domine non secundum peccata*, etc., avec les Oraisons *Deus qui nobis*, etc. *Concede nos famulos*, etc. *Deus qui culpâ offenderis*, etc... Après la Bénédiction, on chantera les Pseaumes *Laudate Dominum omnes gentes*, avec le verset *Benedicamus Patrem*, etc., et l'Oraison *Pro gratiorum actione*.

La seconde Procession se fera le Dimanche dans l'Octave de l'Assomption, jour auquel on fera la Fête de St-Roch, avec l'Office du Rit, double majeur, pour la Ville seulement. On sortira de la Cathédrale en chantant les Litanies des Saints. La Station se fera dans l'église Collégiale, où on chantera l'Antienne *Sub tuum præsidium*, avec le verset *Ora pro nobis*, etc., l'Oraison *Concede nos famulos tuos*, etc., et l'antienne, le verset et l'Oraison de St-Roch... Au retour, on continuera les Litanies des Saints. Après la Procession, on donnera la Bénédiction du Très Saint Sacrement, qui sera précédée du Pseaume *Miserere* avec les versets *Panem*, etc..., et *Domine non secundum peccata nostra*, etc., avec les Oraisons *Deus qui nobis*, etc., et *Deus qui culpâ offenderis*. etc... Après la Bénédiction, on chantera les Pseaumes *Laudate Dominum omnes gentes*, avec le verset *Benedicamus Patrem*, etc., et l'Oraison *Pro gratiorum actione*.

Nous ordonnons que notre présente Ordonnance, avec la Délibération de l'Hôtel de Ville seront publiées toutes les années aux messes de paroisse, le Dimanche qui précèdera celui qui est désigné pour chaque Procession.

Donné à Pamiers, dans notre Palais Episcopal, sous Notre Seing, le Sceau de Nos Armes et le seing de notre Secrétaire, le dix mai mil sept cent quatre-vingt-trois.

† H. G. Evêque de Pamiers.

Par Mandement de Monseigneur l'Ill. et Rév. Evêque de Pamiers, Mercadier, Secrétaire.

III
BREF D'INDULGENCES
ACCORDÉ PAR N. S. P. LE PAPE
En faveur des Fidèles, de l'un et de l'autre sexe qui visiteront l'Eglise Collégiale et Paroissiale Notre-Dame du Camp
De la Ville de Pamiers.

PIE VI PAPE
Pour en perpétuer le Souvenir.

Animé par la tendresse et par la charité et attentif à augmenter la piété des Fidèles, et à multiplier les moyens de salut, Nous accordons, au nom du Seigneur, et par un effet de sa miséricorde, à tous les Fidèles de Jésus-Christ de l'un et de l'autre sexe, qui, pénétrés des sentiments d'une vraie pénitence, après s'être confessés et avoir reçu le Corps sacré de J.-C., visiteront chaque année avec dévotion l'église Collégiale du Camp de la Ville de Pamiers, qui est sous l'invocation de la Bienheureuse Vierge Marie, le Dimanche qui suivra immédiatement la Fête de Saint-Roch, et un autre jour de l'année, qui sera désigné par l'Ordinaire, depuis les premières vêpres, jusques au coucher du soleil de chacun de ces deux jours, et qui, dans cette église, adresseront à Dieu de ferventes prières pour la paix entre les Princes Chrétiens, pour l'extirpation des hérésies et pour l'exaltation de l'Eglise notre Sainte Mère, Nous leur accordons à chacun des susdits jours, auquel ils feront ce qui a été prescrit, *Indulgence plénière et rémission de tous leurs péchés* : laquelle Indulgence ils pourront aussi appliquer, par manière de suffrage, aux Ames des Fidèles de J.-C. qui sont sorties de cette vie, unies à Dieu par la charité : nonobstant toutes déclarations à ce contraires. Voulant que les présentes Lettres soient en valeur à perpétuité, et dans tous les temps à venir.

Donné à Rome, à Sainte-Marie Majeure, sous l'Anneau du Pêcheur, le treizième jour du mois d'Août mil sept cent quatre-vingt quatre, la dixième année de Notre Pontificat. JEAN, Cardinal de Comitibus.

IV
MANDEMENT DE MONSEIGNEUR L'ÉVÊQUE

Henri-Gaston de LÉVIS, Evêque et Seigneur de Pamiers, etc. Vu les présentes Lettres Apostoliques, Nous permettons la publication et l'exécution des Indulgences en elles contenues ; et pour le jour, qui doit être désigné par Nous, on prendra le Dimanche qui suivra immédiatement le 17 du mois de mai en chaque année.

Donné à Pamiers, le 12 mars 1785.

† H. G. Evêque de Pamiers.

Par Mandement de Monseigneur l'Ill. et Rév. Evêque et Seign. de Pamiers, MERCADIER, Secrétaire.

A Pamiers, chez André Larroire, Imprimeur de Mgr l'Evêque.

ERRATA

Page 9, ligne 19. Au lieu de l'*histoire*, lire l'*historien* du *Languedoc*, etc.

Page 21, ligne 22. Au lieu de *versments*, lire *versements*.

Page 23, ligne 6. A grande peinture, ajouter *murale religieuse*.

Page 24, ligne 21. Au lieu de *à* peu de loisirs, lire *a* peu de loisirs, etc.

Page 26, ligne 13 : *pro dictis trecentis, libris*. Supprimer la virgule. — Ligne 18 : au lieu de *turonensiam*, lire *turonensium*.

Page 27, ligne 13 : au lieu de *Virgenti*, lire *Viginti*.

Page 41, ligne 26 : au lieu de *tiendra là à ce que*, lire tiendra la main à ce que, etc.

Page 46, ligne 7 : au lieu de dans *ces* parties, lire dans *ses* parties.

Page 107, dernière ligne, et 108, 17° ligne, au lieu de *gratiorum*, lire *gratiarum*.

Dépot Galy Imprimeur

www.ingramcontent.com/pod-product-compliance
Lightning Source LLC
Chambersburg PA
CBHW070523100426
42743CB00010B/1923